■ 本书为暨南大学本科教材资助项目。

■ 本书为广东省应用型科技研发专项资金项目"基于大数据和游戏化学习的教育云平台研发及规模化应用（项目编号：2016B010124008）"阶段性成果。

■ 本书为广东省省级科技计划项目"游戏化学习机制和关键技术研究及其应用示范——面向青少年传统文化素养培养"（项目编号：2017A040405031）"阶段性成果。

■ 本书为广东省高等教育教学研究和改革项目"信息技术与'华文教育技术与实践'在线开放课程深入融合的改革与实践"成果。

■ 本书为暨南大学教学改革研究项目（SPOC 教学实践专项"华文教育技术与实践"）成果。

课程为广东省精品资源共享课：http：//jpkc. jnu. edu. cn/tcle

课程的 MOOC 地址：

清华学堂：http：//www. xuetangx. com/　　中国大学 MOOC：http：//www. icourse163. org/

笃行华文·专业汉语系列

熊玉珍　编著

华文教育技术与实践

暨南大学出版社
JINAN UNIVERSITY PRESS

中国·广州

图书在版编目（CIP）数据

华文教育技术与实践/熊玉珍编著. —广州：暨南大学出版社，2017.6
（笃行华文·专业汉语系列）
ISBN 978 – 7 – 5668 – 2144 – 7

Ⅰ.①华…　Ⅱ.①熊…　Ⅲ.①华文教育—教育技术　Ⅳ.①G749②G43

中国版本图书馆 CIP 数据核字（2017）第 164062 号

华文教育技术与实践
HUAWEN JIAOYU JISHU YU SHIJIAN
编著者：熊玉珍

出 版 人：徐义雄
策划编辑：杜小陆　黄少君
责任编辑：杜小陆
责任校对：亢东昌
责任印制：汤慧君　周一丹

出版发行：暨南大学出版社（510630）
电　　话：总编室（8620）85221601
　　　　　营销部（8620）85225284　85228291　85228292（邮购）
传　　真：（8620）85221583（办公室）　85223774（营销部）
网　　址：http://www.jnupress.com
排　　版：广州良弓广告有限公司
印　　刷：佛山市浩文彩色印刷有限公司
开　　本：787mm×960mm　1/16
印　　张：14.5
字　　数：286 千
版　　次：2017 年 6 月第 1 版
印　　次：2017 年 6 月第 1 次
定　　价：46.00 元

前　言

　　人们都说，有海水的地方就有华人，有华人就有华文教育。近年来，华文在世界持续升温，随之而来的是华文教学面对的共同难题，汉字难写、声调难辨、词义难懂、语法繁杂，致使热爱华语的学习者望而却步。随着信息技术的普及应用，信息技术已成为促进教育改革的最活跃的要素。这门课程的开设主要是和大家一起探讨：如何实现数字化华文教学的原理和方法、如何准备和组织数字化华文教学，内容包括高效获取网上华文教学资源的方法，数字化华文语言要素素材，华文教学课件的设计和制作，数字化课堂华文教学的组织原则、流程；同时我们也会引领大家一起关注云端华文数字教材，大数据技术下的华文自动测评以及 APP 等新理论、新媒体、新技术在华文教学中的应用。

　　该课程依托两项广东省科技计划项目和一项广东省高等教育教学研究和改革项目，建立满足国家华文教育发展的战略和"一带一路"语言人才培养的需要的创新课程体系，并依托团队语言学、华文教育学、教育技术学交叉学科优势，继承并创新课程服务模式，突出以下三个特点：

　　第一，课程内容方面："信息技术"与"汉语知识""华文教学"深度融合，重构"三维一体"课程内容体系，理论结合实践。

　　第二，课程资源方面：信息技术深度融入华文教育，构建在线开放课程，促进学生深度学习的多终端课程资源。

　　第三，课程服务模式：信息技术深度融入"华文教育技术"的教学过程、实验实践过程和评价过程，支撑海内外学生的课程应用和教学服务。实现校际、国际资源高度共享，构建多元教学模式。

　　我们以立体化体系进行课程建设，我们的课程在清华学堂在线、中国大学 MOOC 等平台上线，在教学中展示丰富的案例、实验指导、实验素材和系统详尽的演示微视频。

　　本教材适合海内外华文教师，对外汉语教师，汉语教学志愿者，汉语国际教育本科生和研究生，中小学语文教师和教育技术等相关专业的教师、学生和研究人员。

　　全书由暨南大学华文学院熊玉珍副教授设计、编写与统稿，资深的华文教学名师彭小川教授指导和参与了第五章第二节设计与编写，暨南大学华文学院一线汉语教师王姗姗、李倩和雷丹参与第五章第三节的技术应用案例设计和编写。研究生桑烨、温柔、洪骞、刘琳、伍琴、钟英、张昊、王圆橙、王咏爽和梁晋尧等人参与了本书资料的大量收集、整理和文字撰写等工作，以上老师和同学为本书的编写付出了辛勤的劳动。本书在编写过程中，得到了暨南大学黄书强教授、华南师范大学谢幼如教授、暨南大学网络与教育技术中心周红春副主任在教材内容和体例设计上的许多宝贵建议，在资源案例方面，得到创而新（中国）科技有限公司大力支持，在此一并表示感谢。在写作过程中，我们参考并引用了大量的文献资料，绝大部分资料的来源已经列出，如有遗漏，敬请谅解。最后，我们向本书所参考和征引的文献资料的作者致以深深的谢意。

　　尽管我们集思广益，但限于编者的水平和时间有限，书中难免存在不足之处，希望广大读者在使用本教材的过程中能给我们提出宝贵的意见。同时，恳请各界专家、学者给予批评指正。

目　录

1 华文教育技术概述

我们正处在一个大数据、云计算、网络化、全球化、万物互联的信息时代，信息技术已成为教育改革的最活跃因素。教育技术在华文教育中的应用经历了起步、应用、融合、创新四个阶段。从印刷技术、视听技术、计算机辅助语言学习技术，到今天的多媒体技术、网络技术、自然语言技术、云＋终端移动网络技术、WEB2.0、新媒体、社会性网络、虚拟现实等所有这一切技术、成果的有效应用深刻影响着华文教育。

1.1 华文教育技术应用现状和发展趋势

【学习目标】

1. 了解华文教育技术应用现状的概况。

2. 了解华文教育技术促进华文知识表征形式、华文教材、华文测评、华文教学环境和学习方式等方面的革新现状。

3. 了解构建智慧华文教育的技术应用趋势。

导入

随着全球华文教育的发展，教育技术已在华文教育中得以广泛应用。教育技术不仅革新了华文知识表征形式、华文教材、华文测评、华文教学环境和学习方式，也因信息技术的应用对华文教师提出了更高要求。

如何根据华文教育的现实需求，驱动信息技术在华文教学中的创新应用，我们一起来了解教育技术在华文教育中的应用现状。

1.1.1 华文教育技术应用现状

（一）促进华文语言知识表征的变革

在教学过程中，知识首先要能被准确、高效地表征出来，才有利于学生的学习和师生的交流。多媒体与网络技术的信息处理能力促进知识的表示、传递、存储和创新方式的变革。利用知识可视化方法，将教学内容可视化呈现，可以提高学生对教学信息的编码能力，从而取得更好的教学效果。

华文知识点包括语音、汉字、词汇、语法，知识技能包括听、说、读、写，在技术的支撑下，这些知识和技能不仅可以用文字、图像、音频、视频和动画等多媒体符号来表示，还可作用到学习者的视、听等多个通道，直观地创设言语情境，构建集成多媒体立体网状的学习资源，形成学生与教师、学生与学生、学生与资源的多元交互环境。

传统与运用技术的知识表征特点对比表

	传统的华文知识要素表征	技术支撑下的知识要素表征
1. 符号形式	静止多符号	动态多模
2. 作用感官	单通道	多通道
3. 情景创设	描述性的情景	直观性的语用情景
4. 知识结构	文本线性结构	多媒体立体网状结构
5. 交互形式	单一交互	多元交互

如，汉语拼音要素包括声母、韵母和声调，学生学习拼音的难点在于准确掌握发音部位、区别前鼻音韵母和后鼻音韵母、分辨四声等。以图像或动画模拟，以图像、动画等形式来表征语音知识，能够帮助教师直观地解释发音的部位和发音方法，为学生提供模仿发音的方法和途径。

手机、平板电脑等移动终端的语音学习APP，不仅可以进行多种人机交互学习，还有助于调动学生多通道感官，为学生提供语音发音示范、记录学生训练过程、纠正学生的发音，如图1-01所示：

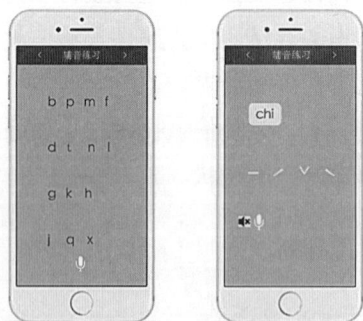

图1-01　语音学习APP

又如，汉字具有呈方块布局、字形组合模式多样等特点，汉字构形复杂，字体难写、难认、难记，因此汉字成为华文教学的重难点，也成为华文教学亟待解决的问题。技术的运用不仅可以直观呈现汉字复杂的字形结构，还可以动态呈现汉字笔画笔顺及其书写过程，如图 1 - 02 所示：

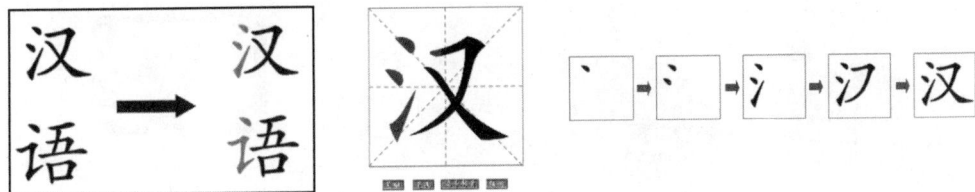

图 1 - 02　部件与汉字笔顺动画示例

在华文词汇教学中，图像可以作为一种释义的手段，根据学习者的特点，直接作用于视觉感官，激活学生的想象思维，建立目的语词汇与具体事物或概念间的直接联系，让词义的解释更加直观有趣，如图 1 - 03 所示：

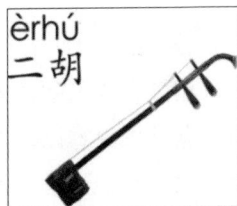

图 1 - 03　图解词义示例

汉语语法难学是学生普遍遇到的问题，语法知识可视化，将技术运用于视觉化的符号系统来处理语法信息，通过图示法、公式法、动画演示法等，语法表述更加形象直观，易于理解，有助于学习者语法知识的构建，如图 1 - 04 所示：

	事实		假设	
A. 既然 下雨，我就不去了。		B. 如果 下雨，我就不去了。		不转折
C. 虽然 下雨，但我还是要去。		D. 即使 下雨，我也要去。		转折

图 1 - 04　通过简单的线条、颜色对比，表现词语用法之间的差异①

（二）教育技术促进华文教材的变革

教材是教师教学和学生学习所依据的材料。华文教材从口传时代、手工书写时

---

① 彭小川的"虚词"讲义。

代、印刷时代、电子传播时代发展到如今的数字化时代，技术的发展对教材的变革起到重要影响。纸质教材的局限性已显而易见，难以满足数字化时代的多元需求。

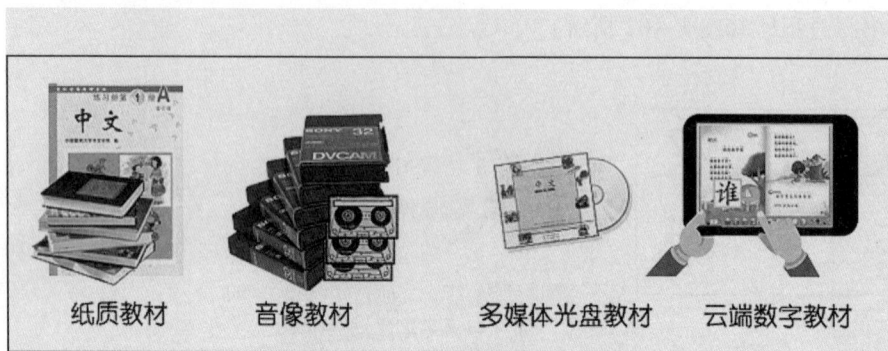

图1-05　数字化华文教材进程

　　在信息技术的发展和移动终端的普及下，云端华文教材应运而生。云端华文教材的特点是将内容以富媒体形式呈现，这样不仅可以促进学生直观地阅读，还可以非常灵活地互动，而且它具备教学所需的一系列必要功能，如笔记、作业、评价、富媒体工具（手写、笔写中文输入、中文语音阅读、多语言词典等）、管理等，从而更好地满足华文教学中的差异化、个性化的教学需要。

　　数字教材是信息化学习环境中的重要工具，从传统教材到数字教材的变革，是推动华文教育信息化的关键性环节。在新一代信息技术的支撑下，华文数字教材具有以下特点和优势：

　　（1）语音训练数字化。将语音识别嵌入数字教材，能够智能判断和评价学习者发音情况，跟读互动操练使学习者可以掌握课文朗读和背诵。

　　（2）生字认读数字化。通过手指点触数字课本，随即呈现汉字拼音和读音。

　　（3）汉字展示数字化。指尖点到之处，淋漓尽致地展现汉字动态书写过程，示意汉字笔画笔顺。

　　（4）词汇释义数字化。有电子词典、图片释义、用法示例等，直观呈现词语知识。

　　（5）练习模式富媒体化。练习模式多样化，并支持强交互、即时反馈、游戏化，增强了学习者的练习效果。

　　（三）教育技术促进华文测评的变革

　　测评是检测学习成果、评价学生表现的手段，也是巩固学习内容、调整教学方向、评估学生能力和教师教学水平的重要参考。传统的测评，只是单方面学生测、教师评，形式较为单一，缺乏交互，反馈不够及时。

数字化环境下，华文测评形式和交互活动类型更加多样化，测评结果统计形式智能化，促进师生的深度交互。全面的数据分析，不仅可以即时反馈整个班级的学习情况，还可以反映某个学生对某个知识点的掌握情况。其特点和优势如下：

（1）构建多媒体华文测评环境。通过测试任务建模和交互任务设计，构建多媒体的华文测评环境，以实现测试的自动评阅、记录测试过程，形成多元评价。

（2）及时精准评价学生测试结果，实现多维反馈。利用多媒体技术，输出图像、音频、图表和相关数据分析，提示和分析回答正误情况，根据测试结果给予学生及时、准确的评价，并形成多维度反馈评价报告，帮助学生更好地学习。

（3）跟踪学生华文学习动态情况。通过测评的过程记录，跟踪学生测试情况，并根据多维度评价，建立学生个体化模型，结合匹配的学习资源，推送个性化服务，实现华文学习过程动态化。

（4）精准化推荐学习资源，实现差异化、个性化学习。通过个性化推荐技术，高效利用数字化、细粒度华文学习资源，找到并推送适合学生的学习资源和学习策略，以实现差异化、个性化学习。

（四）教育技术促进华文学习环境的变革

随着时代的发展和科技的进步，华文教学环境已从黑板、粉笔时代，一步步迈向如今的局域网络、交互式白板、平板电脑的数字化时代。

数字化时代，华文教学环境逐步走向智能化，学习环境从建构主义学习理论、混合学习理论、现代教学理论出发，以教师为中心转变为以学习者学习为中心，由相匹配的教材、网络资源、在线工具、教师、学生等构成的一个智能性、开放式、集成化的数字虚拟语用情景的学习空间。

智能学习环境进一步促进了跨文化的交流，改变了传统的学习资源，实现了学习资源的在线开放；使语言学习工具智能终端的在线应用更加便携、操作自然；虚拟语用情景也使言语技能的训练更加直观、多样化。

（五）教育技术促进华文学习方式的变革

正如前面所介绍的，教育技术促进了华文知识表征形式、华文教材、华文测评、华文学习环境的变革，进而也促进了学习者学习方式的变革。

（1）学习内容的变化。纸质课本和教师课堂传授已不再是学习内容的唯一来源，网络技术提供了多样的认知工具和丰富的学习资源，学生可以根据自己的实际需要，方便获取教学服务、学习资源、学习工具等资源进行学习。

（2）学习进度的变化。学习时间实现自定步调和风格，按需调整。随着网络技术普及应用和丰富有力的教学资源的支撑，学生可以根据自己的学习需求，调整学习进度。

（3）学习空间的变化。学习者借助多种学习终端，通过泛在网络可以实现课内课外的链接，实现从课堂到课外的有效延伸。

（4）学习伙伴的变化。结合移动互联的现实社区或跨域性社群等空间，学习者可进行随时随地交流，有效促进了言语技能的训练。

教育技术的发展为华文教育的革新提供了有力的技术支撑。知识可视化技术改变了华文教学内容的呈现方式，华文教材也实现了快速更新换代，由纸质教材向数字教材迈进。华文测评方式和交互类型更为多样化、人性化，相应的，华文学习环境也走入了数字化时代，学生的学习方式发生变革，体现在学习时间、空间、内容和伙伴的变化。教育技术成果的有效应用深刻影响着华文教育，推动着华文教育的不断发展。

1.1.2　华文教育技术应用趋势——构建智慧华文教育

教育技术在华文教育中广泛应用，对教育体系的各方面都产生了巨大的影响。面对华文教育的现实需求，不断涌现的新技术将驱动信息技术在华文教学中的应用创新，为构建智慧华文教育体系创造了有利条件。

信息技术的快速发展及其在教育领域的不断渗透，正颠覆性地影响着教育体系的理论、模式和环境。当前，云计算、大数据、物联网、普适计算、社交网络等信息化技术的不断涌现，为智慧华文教育体系的构建提供了现实基础和强大支撑。

（一）华文教育云——推动信息技术与华文教育深度融合

云计算是指通过互联网的计算方式，从专门的数据中心按需获取共享的资源和信息。云计算在资源无限共享、超强运算处理、按需提供服务和费用低廉等方面有着无可比拟的优势。

基于教育云的云端学习环境，提供终端、内容和服务一体化。云端包括云服务、云平台和云基础设施。提供优质数字化教育资源、流媒体交互、云盘、名师资源和教育评测等服务；充分整合各级各类教育机构的信息基础设施；建设云数据中心，构建教育云平台。学生和教师"端"是集成了云服务和应用软件的新型移动应用终端，具有以下特色：

（1）以强大芯片支撑多媒体性能和多任务处理能力。

（2）应用软件支持教育信息化。

（3）自然的人机交互体验，对应学习者的认知特征，满足华文学习的特殊需求。

（4）云服务无缝集成，构建云端结合的多模式教学环境。

在云端华文学习环境中，数字教材、数字课堂互动软件等为教学提供应用支撑；动态追踪学生学习情况，分析测评数据，为学习者提供个性化反馈和学习服务；学校、家庭、户外等空间连为一体，形成虚拟学习空间，实现在线顺畅交流，支持多样化的教与学的活动，支持协作学习；学习者可以更加便捷地获取存储空间、海量华文学习资源、华文学习工具及其他辅助资源；云端环境还为教师专业发展、课堂教学和泛在学习等应用提供支撑。

随着云计算和移动终端的应用，华文教育的学习方法推陈出新，学习活动在多空间重构，学习内容进一步优化，云技术进一步推动了信息技术与华文教育深度融合。

（二）大数据技术支撑下的自适应华文教与学

大数据既是一种巨量资料数据也是一种技术，知识发现和数据挖掘技术的发展使得大数据变得越来越重要。大数据时代，线上与线下、虚拟与现实、软件与硬件重叠交错、跨界融合，将重塑我们的认知和实践模式。

信息技术下的华文教育的趋向是个性化学习，基于大数据分析的个性化学习比较典型的就是自适应学习，通过学生与资源、学生与学生、学生与教师之间的海量交互数据的分析。它能够对数量巨大、来源分散、格式多样的数据进行采集、存储，并进行关联性分析，从而适应性地满足学生学习的个性化需求，可根据每个学生的学习进展，实时调整学习内容或提供量身定制的练习，大规模地为学生提供个性化的指导，进行差异化教学。

不仅是学习，当前环境下，大数据可以为华文教育中的教学、教材、测试和研究的实践与变革提供可操作性的信息。它可以通过描述性分析、预测分析和规定性分析三种数据模型分析有关华文教育的数据，帮助解决华文教育中面临的各种问题和挑战。

（三）虚拟现实与可穿戴技术——实现高质量的模拟语用情景

虚拟现实是利用电脑环境模拟现实的技术，给予使用者视觉、听觉、触觉等多种感知体验，让使用者如同身临其境一般。随着技术的创新应用，虚拟现实技术在教育领域的应用更具易用性和可行性，它正改变着学习者的学习方式。

目前，可穿戴技术的发展应用更是促进了虚拟现实技术在教育领域的普及。高效的可穿戴设备可以使学习者轻松地处理日常学习，甚至可以保证学生和教师即使在活动之中也能持续保持学习与工作。例如：在正式的课堂情境中，具有量化自我功能的可穿戴设备可使教师采集数据的过程更为简单容易；高清立体虚拟眼镜等可穿戴设备为学习者提供了增强虚拟现实体验，使模拟学习活动更加真实。

　　将虚拟现实技术引入华文教育，为教学情境的设计提供了新的途径。通过构建沉浸式的虚拟情境，将精心设计的华文教学内容、教学策略等都融合在虚拟环境中，使得知识传递更加直观，学习者获取知识将更加高效，学习效果也将更加明显。虚拟现实情境也能促进学习者之间的协作，学习者通过设备同步，在相同的虚拟空间中与其他学习者进行实时交互，实现合作学习、协作学习。教师也可通过设备关联，实时跟踪学习者的活动。

　　构建智慧华文教育体系离不开教育技术的支撑，当前，不断涌现的教育技术有云计算、大数据和虚拟现实与可穿戴技术等。云计算提供共享资源，为华文教育构建了云端学习环境，推动了信息技术与华文教育的深度融合；大数据技术重新塑造了学习者认知和实践模式，提供了自适应学习环境，使得学生的个性化学习得以实现；而虚拟现实与可穿戴技术则更新了设计教学情境的方法与途径。这些新兴技术为智慧华文教育体系的构建提供了现实基础和强大支撑，有效推动华文教育的发展。

【思考与练习】

　　1. 了解教育技术在华文教育中的应用现状，根据现有的信息技术成果与特点，介绍这些技术与成果在华文教育中的应用情况。

　　2. 请你举例说明，教育技术在促进华文语言知识表征变革中的具体作用，如语音教学、汉字教学、语法教学等方面。

　　3. 当前，能够为构建智慧华文教育体系提供支撑的教育技术有哪些，请举例说明。

1.2　华文教师的教育技术素养

【学习目标】
1. 了解信息时代下华文教师角色转变的内容。
2. 理解华文教师的教育技术素养要求。

导入

我们跟大家一起分享学习了教育技术是如何促进华文教育变革的，随着多媒体和网络技术在华文教育中的深入应用，采用合理的技术不仅可以提高华文教学的质量和效率，还令华文教师角色发生变化。华文教师在角色上会发生哪些变化呢？对华文教师的教育技术素养又提出了哪些新的要求？

1.2.1　信息时代下华文教师角色的转变

教师是教育技术在华文教育中应用的关键，任何技术不会自然而然地在教育中发挥作用。要将技术成果进行合理、科学的应用，华文教师将面临新的专业技能要求和竞争挑战。

（一）广泛联通

网络技术的应用，使得华文学习环境中教师与学生、校内外资源联通，使其可随时提供华文教学服务。

（二）协作参与

教师不再是简单的知识传授者，同时也成为学习的协作者和参与者。

（三）自我专业提升

华文教师可以依托网络资源实现专业能力的提升，促进专业发展。

1.2.2　华文教师的教育技术素养

为了提升海外华文教师的综合素质和教学能力，规范海外华文教师的培训工作，2013 年，中华人民共和国国务院侨务办公室研制了"《华文教师证书》等级标准"，其中，明确了华文教师应当具备的华文教育技术素养，具体内容如下：

（一）树立教育技术在华文教学中应用的意识

了解教育技术在华文教育中的应用现状和发展趋势，掌握现代信息技术应用于华文教育的相关理论，培养信息媒体文化素养，掌握现代化华文教学方法。

（二）掌握数字化华文教学资源的获取与处理方法

了解数字技术与新媒体教育传播的途径，掌握获取网上教育资源的方法，具备利用数字化华文资源开展教学的能力。

（三）掌握多媒体华文教学资源设计与制作的方法

充分结合华文知识特征，掌握华文多媒体资源，包括文本、图像、音频、动画与视频的设计与制作方法，如语音数字化处理、汉字图像化处理等。

（四）提升教育技术在教学中应用的能力

掌握教育技术在华文教学活动中应用的方法，提升应用华文教育技术和数字化教学资源进行华文教学的实际能力，以及基于信息环境的华文多媒体教学与教学评价能力等。

信息化时代的到来、教育技术的广泛应用，促进了华文教师角色的转变，也对教师提出了新的信息素养要求。在角色转变过程中，华文教师要广泛联通各类资源，协作参与学生的学习过程，提升自我的专业能力。在技术素养层面，华文教师应当具有将教育技术应用于华文教育的意识，并且掌握相关的资源获取方法和途径，能够进行华文教育资源的设计与制作，提升应用华文教育技术和数字化教学资源进行华文教学的实际能力，以及基于信息环境的华文多媒体教学与教学评价能力等。

【思考与练习】

1. 请举例说明，信息时代下华文教师角色的转变体现在哪几个方面。

2. 在信息时代的背景下，结合华文教育的实际情况，你认为华文教师应具备哪些华文教育技术素养。

1.3   《华文教育技术与实践》的课程内容和学习方法

【学习目标】

1. 了解《华文教育技术》课程的内容。
2. 掌握课程学习的方法。

导入

通过前面的学习，我们了解了华文教育技术的应用现状，展望了技术的应用趋势及其在构建华文智慧云教育中的创造性应用，要成为信息时代下的华文教师，需要从角色上进行转变，提高自身的信息技术素养。那么，大家将在本课程中学习哪些内容？可以通过哪些学习方法更好地学习呢？跟着我们进入课程预览吧！

1.3.1   课程内容

教育技术在华文教育中融合应用，从印刷技术时代、电子时代到数字时代，逐步经历了起步、应用、融合和创新四个阶段，《华文教育技术》是"华文""华文教学"和"教育技术"知识和技能的深度融合。

（1）教育技术与华文知识的交融。以多媒体和网络技术为核心，与大家一起分享，如：汉语拼音自动标注，图像化文字表征汉字结构、部件；汉字笔顺动画，图解词义，可视化汉语语法结构等理论、技术和方法。

（2）教育技术与华文教学的交融。如多媒体集成、人机交互技术在华文教学课件、数字化华文教材制作中的应用，计算机测评技术在华文测评中的应用，以及教育技术在华文课堂教学、在线教学和自主学习中应用的理论、技术和方法。

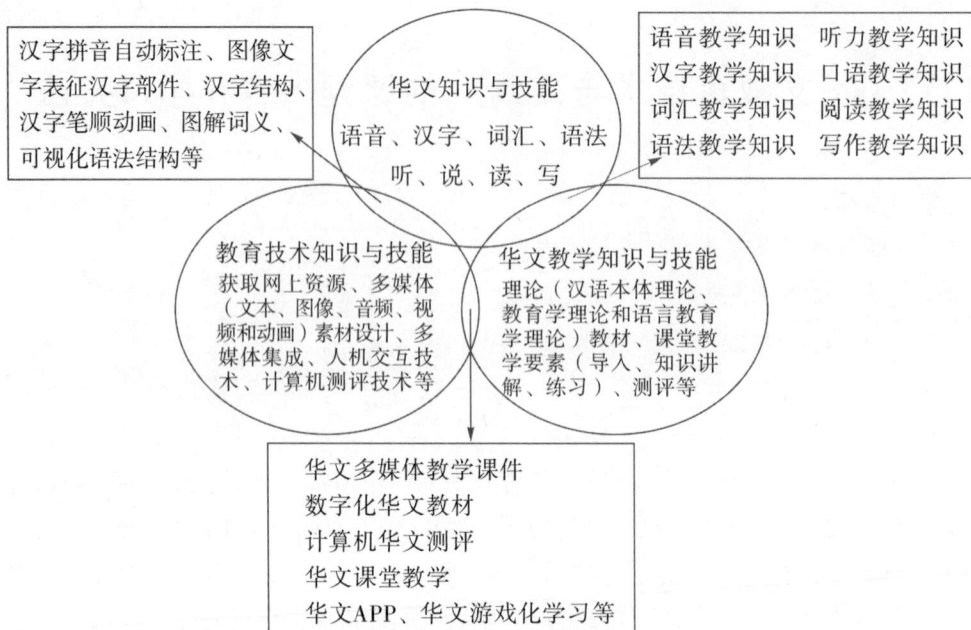

图 1-06　华文教育技术的内容

1.3.2　课程学习方法

（一）明确学习目标

我们会把每一节的学习任务提供给学习者。

（二）多形式的在线视频学习

我们可以通过以下四种方式，利用电脑或手机进行在线视频学习，自主安排学习进度，通过在线视频学习每一章节知识点的具体内容，视频可在辅助阅读指导材料的配合下，反复观看和操练。

（1）扫描教学内容的二维码，可以通过移动终端（平板电脑或手机）获取每一个知识点和操作的微视频。

（2）登录"中国大学/Mooc（http：//www. icourse163. org）"或"清华学堂在线（http://www. xuetangx.com/）"注册课程，我们以 MOOC 形式开放课程，在平台上不仅可以获取课程微视频，还可以通过练习，与学习伙伴分享你的学习。

（3）该课程获 2016 年中国广东省精品资源共享课建设项目，网址是 http://jpkc. jnu. edu. cn/tcle/。

（三）在线实验、练习

本课程主要讲教育技术在华文教学中的应用，需要学习者在观看视频学习的同时，根据我们设计的问题，结合实验素材和工具，针对知识点进行实际操作训练和交流，以更好地跟进学习，掌握技术并加以应用。在学习过程中，遇到问题需要帮助，或有所收获想要分享，都可以在讨论区与教师或同伴进行线上交流分享。

（四）线下练习

每个视频后面会有练习任务或思考题，主要是观看完学习视频之后对全部内容的整合练习，以巩固所学技能。

（五）作业互评

学习者的作业除了教师评价，还有自我评价，进行学习反思，以及同伴互评，通过作业的互相评价，相互交流经验，相互促进。

《华文教育技术与实践》课程学习内容既是教育技术与华文知识的交融，也是教育技术与华文教学的交融。学习者在学习每个章节前，会有相应的学习任务，明确学习目标，通过在线视频的方式学习知识点，利用在线讨论、线上线下练习巩固学习内容，在作业互评的过程中相互交流促进。

【思考与练习】

1.　请你选取本节介绍的两种在线学习方式，体验指尖上的学习。

2.　根据你的学习经验，介绍技术与学科融合的学习外语的方法。

2 网上华文教学资源的应用

你知道网上华文教学资源都有哪些吗？如何高效获取教学所需的网上华文教学资源？面对海量的华文教学资源，我们该如何甄别？在这一章里，让我们一起遨游在网络世界，体会丰富有趣的华文教学资源吧。

2.1 网上华文教学资源的现状概述

【学习目标】
1. 了解网上华文教学资源现状。
2. 理解网上资源对华文教学的影响。

导入

近年来，越来越多的网上华文教育资源为世界各地华文教育工作者提供方便快捷的获取华文教育资源的途径。比如中国华文教育网（http://www.hwjyw.com/）、国家汉办（http://www.hanban.edu.cn/）、暨南大学华文学院（http://hwy.jnu.edu.cn）等。如今海量的网上华文教育资源为我们的华文教学提供了方便，优质教育资源通过网络实现全球共享。

2.1.1 华文语言要素类教育资源

开放的网上华文教学资源，提供大量的多媒体表征语言要素类的教学资源，使得华文教学中的语音、汉字、词汇教学变得直观、形象、生动、有趣。下面将举例介绍网上语言要素类教学资源。

（一）拼音教学资源

（1）《汉语大辞典》拼音专家（汉字转拼音工具）http://www.hydcd.com/show/1_pinyin.htm。

汉字转拼音软件（界面如下），可给汉字标注带声调的拼音，同时具有"朗读、输出音频（格式为 WAV）、保存"等功能，操作简单方便，非常容易上手。

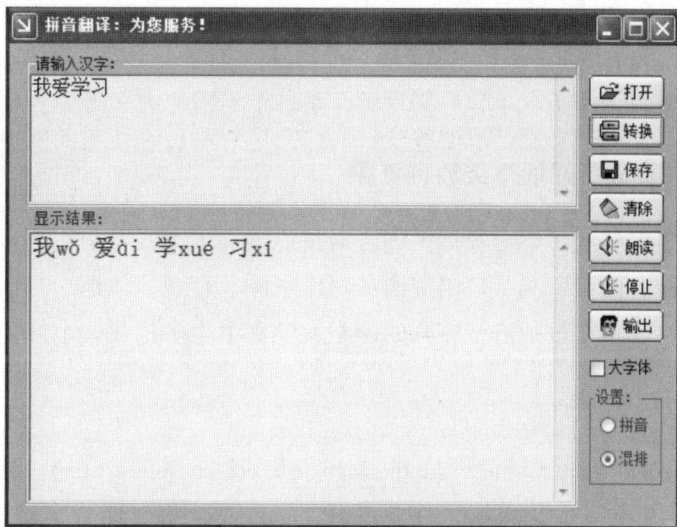

图 2-01 《汉语大辞典》拼音专家

（2）手机语音训练 APP。如"正音万里行"这款 APP 涵盖了全部声母、韵母、声调的教学以及"声韵调"的拼读训练、发音训练等，适合作为教学辅助工具和课后发音练习的工具。

（二）汉字资源

（1）汉字部件教学网（http://www.chtsai.net/radicals/）。该网站以常用部件为线索组织汉字教学，先进行部件基本知识的学习，以图片辅助意义的解释，然后进行部件辨识练习、部件应用练习。比较适合初级学习者。

（2）现龙第二代中文字词学习系统（http://www.dragonwise.hku.hk/dragon2/index.html）。该网站通过简明有趣的动画展现字形的演变以及汉字的意义，通过互动小游戏巩固汉字学习：部件砌字练习、笔顺练习、字源练习、构形练习等。

（三）词汇资源

（1）卡片汉语（http://ka.blcu.edu.cn:23339/index.html）。网站提供拼音卡片、字词句卡片、情景对话卡片等丰富的资源，教师可在线制作汉语学习卡片，学生可在手机端浏览并学习老师制作的卡片。

（2）quizlet（生词卡与生词游戏）（https://quizlet.com/）。老师可利用 quizlet 便

捷地创建和归类在线生词卡。学生可制作属于自己的生词词卡，还可通过游戏的方式加深对词汇的记忆。

（四）语法资源

汉语语法入门 An Introduction to Chinese Grammar（http://chinesenotes.com/grammar.php）。"汉语语法入门"更像是一个语法查询手册，条目清晰，体系完备，更有中英文双语解释，例子简单，容易理解，是一个不错的中文语法学习的工具。

2.1.2　华文言语技能训练类教育资源

丰富的网络资源改变了学习者传统的言语技能的训练方式，华文教师和学习者可以利用如视听资源、阅读资源、口语资源和写作资源等直观立体地、有针对性地进行听说读写的训练，为华文教师进行多彩的课堂教学和学生多样化、个性化的学习提供了有利支撑。

（一）视听资源

（1）CRI English-Learn Chinese（http://english.cri.cn/index.htm）。"CRI English-Learn Chinese"内容包括文化介绍、日常汉语、新闻汉语等，拥有丰富的视听资源，可以免费下载 mp3 以及相对应的文本，大部分都配有中英文对照。比较适合初、中级学习者学习。

（2）Chinese pod（https://classroom.chinesepod.com/）。"Chinese pod"中文学习在线课程，数目多，更新频率高；设有新闻报刊阅读、电影介绍等栏目；设有各种兴趣小组，学习者可在小组内交流、分享学习心得与体会。

（二）阅读资源

（1）Mandarin Matrix（http://mandarinmatrix.org/）。240 本系列中文图书，从初级到高级程度，包含六个颜色系列，每个颜色系列包含 40 个篇目。读物采用循序渐进的方式围绕主题的设计思路展开。

（2）中国国家数字图书馆（http://mylib.nlc.cn/web/guest）。馆藏丰富，数字化资源类型十分多样，从天文地理到文学历史，从电子图书、期刊、报纸到学术论文，从文本到图鉴、视频资源等。比较适合高级汉语学习者使用。

（三）口语资源

Rosetta Stone（http://www.rosettastone.com/learn-chinese/）。如果你的学生不喜欢开口，这是最好的工具，学生可以与 ipad 或电脑进行对话。很多内容要求学生跟读，复读，通过反复练习和扩充短语句型，配合丰富恰当的图片，帮助学生练习听力、口语以及扩充词汇量。

（四）写作资源

Book creator（http：//www.redjumper.net/bookcreator/）。学生可以通过这个 APP 制作图书，插入图片、文字和声音，是一个很好的帮助学生写作的 APP。

2.1.3　华文语料、工具类教学资源

（一）华文语料库

任何和语言现象有关的研究和教学都离不开真实的语言素材，而语言的出现和分布不是完全确定的，它具有随机性。语言的随机性使语言教学研究必须收集大量的语言素材进行统计分析，得出语言在实际应用中的内在规律。[①] 华文教育也不例外，华文教师在教学过程中，会遇到各种各样的疑惑，这时就需要求助于权威的语料库，然而哪些是语料丰富、比较权威的语料库呢？下面将介绍几个比较权威的语料库。

（1）CCL 语料库（http：//ccl.pku.edu.cn:8080/ccl_corpus/）。CCL 语料库是由北京大学中国语言研究中心设立的，包括现代汉语语料库、古代汉语语料库和汉英双语语料库。它支持普通查询、批量查询和模式查询等查询方式，操作简单方便，是国内最权威的汉语语料库之一。

（2）BCC 语料库（http：//bcc.blcu.edu.cn/）。该语料库（北语汉语语料库）总字数约 150 亿字，包括报刊（20 亿）、文学（30 亿）、微博（30 亿）、科技（30 亿）、综合（10 亿）和古汉语（20 亿）等多领域语料，是可以全面反映当今社会语言生活的大规模语料库。

（3）语料库在线（http：//www.cncorpus.org/）。语料库在线（中国国家语委现代汉语语料库）是一个大规模的平衡语料库，语料选材类别广泛，时间跨度大。在线提供检索的语料经过分词和词性标注，可以进行按词检索和分词类的检索。

（二）在线工具

信息技术时代下的在线工具在华文教育教师的教学、练习和测评以及辅助学生学习等方面都有着很大的帮助。学会使用这些在线工具，华文教师可以更好地准备教学和测试材料，学生也可以更好地学习。那么都有哪些比较常用的在线工具呢，我们来看一下。

（1）Toondoo（http：//www.toondoo.com）。在线漫画制作工具，提供各种漫画小部件，学生可以创造性地制作自己的漫画，并配上汉语对话。

---

① 文渤燕.语料库及其作用 [J].国外外语教学，2001（2）.

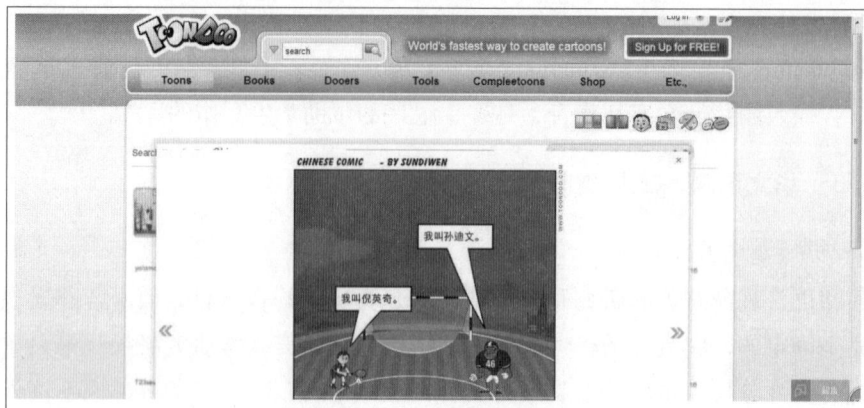

图 2-02　在线汉语漫画制作

（2）Bubbl. us（https://bubbl. us/）。在线概念图制作，还可下载手机 APP。学生在运用联想法归类整理所学词汇时可以用到。

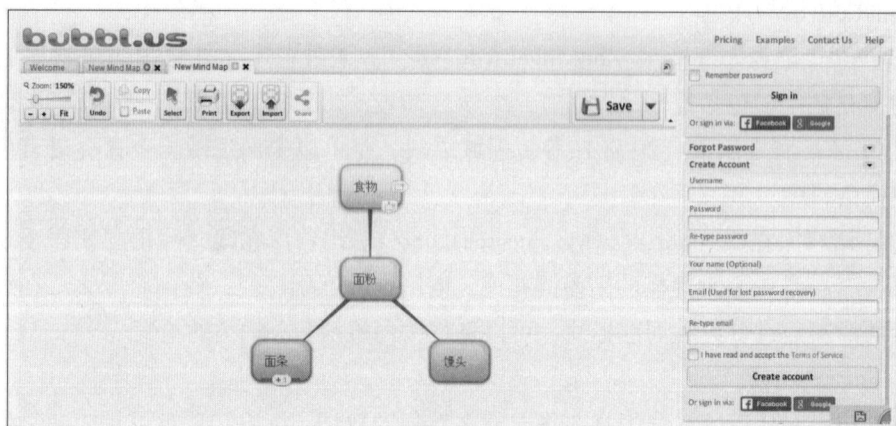

图 2-03　词语概念图制作

　　网上华文教学资源多种多样，应有尽有。在本节中，我们分别从语言要素、言语技能和语料工具这三方面分析网上华文教学资源的总体情况。语言要素的教育资源，帮助我们在进行华文教学时讲解知识性的要点。言语技能的教育资源则可以辅助教师训练学生的听说读写技能。语料工具的教学资源则可以帮助教师进行教学研究分析和制作相关教学素材。善用网上华文教学资源，让华文教育更加高效、更加丰富。

【思考与练习】

1. 请你推荐所在国的 3~5 个华文教学资源网站，并介绍该网站的特点和功能。

2. 运用《汉语大辞典》汉字转拼音软件，试一试给汉字进行拼音标注。

2.2　网上华文教学资源的特点和甄别原则

【学习目标】

1. 实践上网，了解各类网上教学资源特点和功能。
2. 了解网上华文教学资源甄别原则。

导入

前一节我们介绍了网络上华文教学资源的现状，了解到网络上的华文教学资源多种多样，十分丰富。但同时也给汉语教师造成了困扰：究竟如何挑选合适的华文教学资源呢？所以在这一节里，让我们来了解网上华文教学资源的特点，学习甄别教学资源的原则。

2.2.1　网上华文教学资源的特点

网上华文教学资源对支撑华文教学具有重要作用。资源特点主要体现在：

（一）丰富性

海量的网上华文教育信息资源，提供了最新的华文教学资料、网上教程、教学工具、教学管理工具以及世界各地的华文教育动态信息，可满足华文教师和学习者的多种需求。

（二）多媒体化

网上资源有文本、图形、图像、音频、视频及动画等多种媒体形式，使信息具有丰富的表现力，能够有效调动学习者的多种感官和学习积极性，提高学习效率。

（三）检索超媒体化

超媒体是由节点（Node）和表达节点之间关系的链（Link）组成的非线性网络结构。为了方便用户对网上信息进行浏览、注释及检索，网上教学资源以节点为基本单位，一个节点就是一个信息块，链表示不同节点之间的联系。检索超媒体化的资源使师生间的交流反馈更为便利，更有助于开展教学。

（四）知识组织非线性

传统华文教学的知识传授是线性形式，学生在学习中需要遵循一定的先后顺序。网上华文教学资源呈网状结构，学习者可以根据各节点之间的链接跳转，自由获取和重组所需内容，有助于学生主动建构知识。

（五）信息来源全球化

互联网的网点遍布世界各地，各网点间的信息可以通过互联网获取。我们可以将华文教学资源分享到世界各地，开放给世界各地的华文学习者。不管身处何地，华文教育工作者都可以获取所需的信息资源，对全球的优质教育资源加以利用。

（六）信息传递即时性

网上华文教育信息能以极快的速度传递到世界各个角落，实现教学内容的更新与时代发展同步，以适应华文教育新形势。

（七）信息共享开放性

"信息地球村"可在全球范围内实现优质资源和教育方法共享，使学习者能以较少的费用根据自身的需求获取全球的权威资讯，得到优秀教师指导，受到科学的训练。另外，教育信息资源的共享性可极大地避免对教育的重复投入，节省办学经费，提高办学效益，这些都为华文教育均衡快速发展提供了可能。

2.2.2　网上华文教学资源甄别原则

网上资源发布往往具有随意性，资源质量也良莠不齐，互联网上虽存在海量的华文教学资源，要获取优质的网络教学资源，华文教师需掌握资源选取的一些基本原则：

（一）准确性

作为语言教师，首先必须保证语言的内容是准确无误的，因此在使用网络资源时，必须保证没有语言错误或不规范的语言现象：

（1）无知识性错误，如错别字、不规范的语用语法现象。

（2）无解析性错误，如图解词义、情景视频、文化介绍等信息需要传达准确、到位。

（3）无示范性错误，如声音资源，发音要规范、准确无误。

（二）适用性

适用性即选取的网络资源要适合学生的能力水平。主要包括：

（1）符合学生的认知水平。资源内容难易度要和学生现有的语言能力水平保持平衡，过难会加重学生的认知负荷，过易又会影响教学效果。

（2）符合学生年龄特征。如低龄学生的华文学习受教学内容的直观性、趣味性所影响，在教学资源的选择与准备上应偏向于趣味性高的内容。高龄学生的华文学习往往更多地希望获得深层次的语言文化知识，在教学资源的选择与准备上应注重知识的深度和广度。

（3）符合教学目标。课堂教学最重要的是达到教学目标，如语言要素的教学目标，包括语音、汉字、词汇、语法，和语言技能的教学目标，包括听力、口语、阅读、写作。为了达到具体的目标，所选取的网络教学资源必须有效地针对重点目标，无效的或过多的资源只会分散学生注意力，加重学习负担。

（三）信息线索丰富性

知识认知过程中，多项信息线索有助于学生进行有效的编码、储存、再认和回忆，促进知识的掌握。同时，也有助于启发联想和发散思维，提取和应用知识进行新的信息整合，促进有意义的知识建构。相反，单一的信息线索不利于知识的关联和整合。根据认知特点选取多样性、立体化、富媒体化的网络华文教学资源，能够为教学活动提供丰富的信息线索，让学生多通道地识记和接受新的信息，对知识进行加工，从而提高学生的华文知识水平。

（四）信息新旧性

网络华文资源的选取还需考虑信息是否过时、教学信息是否不断补充更新等问题，应选择符合时代的新内容，避免信息的陈旧和过时。

（五）权威性

权威性指的是发布网络华文教学资源的网站或机构是否权威，是否具有一定知名度，是否得到华文教育领域专家或研究者的认可，是否被广泛接受和利用，这些问题决定了资源的真实性、有效性和可利用性。

【思考与练习】

1. 网上华文教学资源的特点有哪些？请你结合上一节介绍的华文教学资源，选择一项介绍其特点。

2. 在实际的华文教学中，选择网上华文教学资源时还需要注意什么？请根据你的使用情况谈谈想法。

2.3　高效检索网上华文教学资源的基本方法

【学习目标】
1. 掌握百度或 Google 检索资源的一般方法。
2. 掌握检索引擎高效检索资源的方法。

导入

现有的网上华文教育信息资源极其丰富，要在信息繁杂的网络资源中精准搜索获取所需教学资源，还需要掌握一定的途径和方法。

2.3.1　获取网上华文教学资源的途径

现有的获取网上资源的途径主要有两种：一是专业网站，二是搜索引擎。

在互联网上，最常用的资料检索工具就是搜索引擎。例如：Google、百度、雅虎、必应。主要检索方法有：

（1）按信息的目录分类进行检索，在分类项目表中找到相应的类别。

（2）按关键词进行检索。在关键词输入框中直接键入关键词，同时可以选择搜索的范围，如新闻、网页、图片等。

2.3.2　媒体形式检索

（一）文本检索

网络上大量文本资源可以作为华文教学的辅助性补充材料。例如，教师在参考他人的课件和教案进行备课时，可以直接通过 Google、百度等搜索引擎，输入课文名称，搜索课件和教案。如图 2-04 所示：

图 2-04　百度搜索教案

　　高效检索技巧：对于不太常见的教材，可以加上双引号或其他关键词进行组合检索，使检索更快更有效，如图2-05"我在中国学大方"课文。

图2-05　谷歌搜索教案

（二）图片检索

　　图片检索可以使教学更加直观，图片的检索可以使用百度和谷歌进行检索，这些都是大家比较常用的。例如相似图片搜索。将"面包""蛋糕"一对词输入检索框，搜出相应图片，如图2-06和图2-07所示：

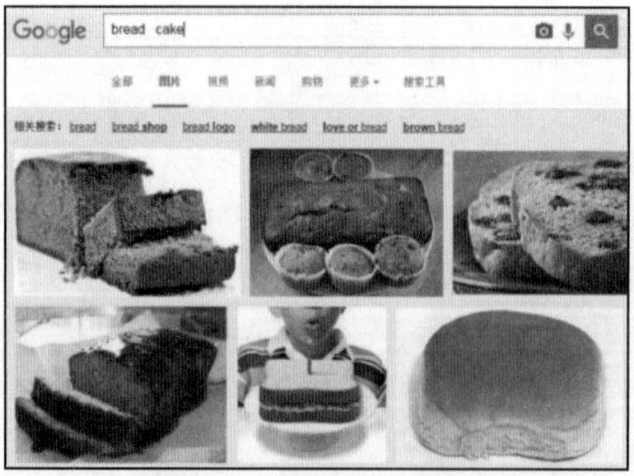

图2-06　谷歌搜索界面

图2-07　百度搜索界面

　　如果搜索到的图片模糊，图片质量不高，推荐使用tineye.com网站处理图片，提高图片的清晰度。

　　首先登录网站，上传图片，可以得出很多类似的图片，然后从中选择适合自己需要的清晰度，如图2-08所示：

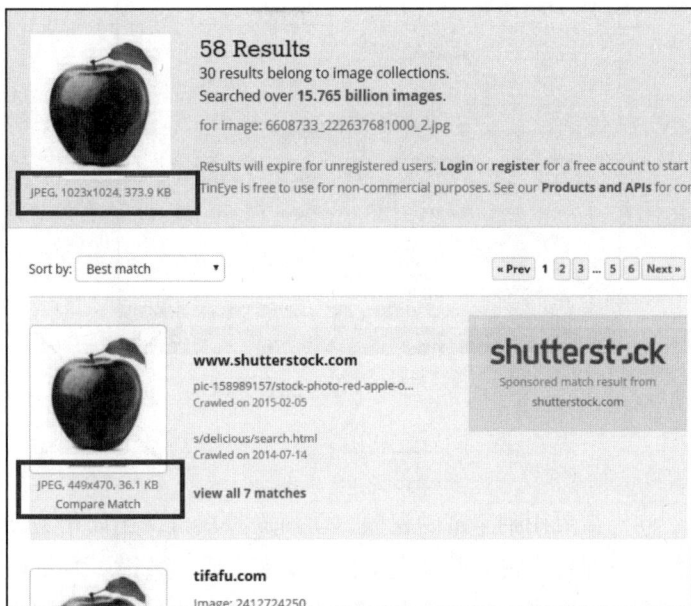

图2-08　输入图片后效果

（三）音频检索

　　华文教学中，经常需要用各种各样的音乐资源作为教学素材，比如课外的歌曲。与华文有关的音乐检索，推荐使用酷狗等音乐播放器，因为它不但具有海量的中文音乐资源，还可以轻松免费下载高质量的音乐文件。此外也可以使用百度和谷歌等搜索引擎搜索，但可能资源下载的环节会遇到困难，音乐文件的质量也难以保证。

　　以酷狗音乐播放器（如图2-09所示）为例进行介绍。打开酷狗音乐播放器，在搜索框搜索如"茉莉花"，可以搜索到很多版本的"茉莉花"，根据自己的需求免费下载音乐文件。

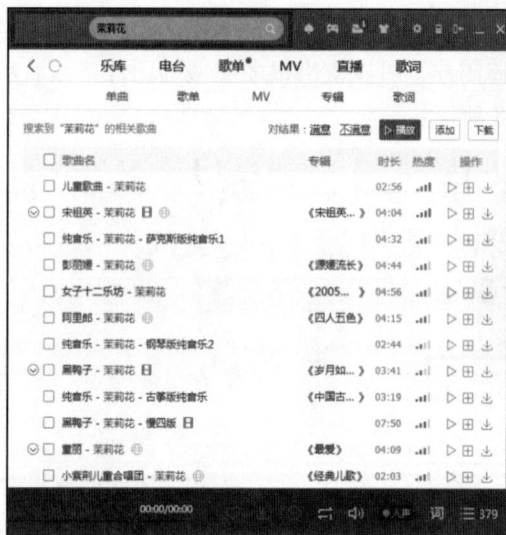

图 2-09　酷狗音乐与搜索界面

(四) 视频、动画检索

华文教学中，同样需要用到丰富的视频、动画资源素材，比如相关课文视频、文化介绍影视片段等，可在各大视频网站直接进行检索。如，进行《新年到》课文教学时，可在百度、谷歌直接搜索"过新年""新年到"等关键词，筛选适合的视频动画资源。另外，也可通过视频分享网站优酷网（http://www.youku.com/）、全球最大高清 MV 网站音悦台（http://www.yinyuetai.com/）等视频网下载相关资源。

在日常华文教学中，我们都需要文本、图片、音频、视频和动画等教学资源素材。这一节中，我们介绍了检索网上华文教学资源的途径和方法，借助专业的网站或者搜索引擎，按照不同媒体形式找出合适教学的资源，让教学变得更轻松。

【思考与练习】

1. 运用本节介绍的检索方法，检索与中文《买东西》课文内容相关的图片，如"蛋糕""牛奶""水果"等。

2. 请你在网上搜索一首与"过中国年"相关的歌曲或视频。

3 数字化华文教学素材的设计与制作

在实际的教学中，根据教学需要选择不同特点的多媒体华文语言要素，对多媒体华文语言要素进行教学素材设计，可以为数字化华文教学的顺利开展提供保障，有效提高数字化华文教学效率。

在这一章节中，通过对汉语拼音的自动标注、数字化语音处理方法、汉字图像化处理方法、图解词义、汉语知识可视化的示范应用，我们一起学习如何设计与制作数字化的华文语言要素教学素材，使华文教学更有趣，更有效。

3.1 多媒体华文语言要素教学素材设计的理论基础

【学习目标】
1. 理解"经验之塔"理论主要观点及其对华文教学素材设计的影响。
2. 理解多媒体认知理论主要观点及其对华文教学素材设计的影响。
3. 理解知识可视化主要观点及其对华文教学素材设计的影响。

导入

华文语言要素知识主要包括语音、汉字、词汇、语法等。多媒体教学媒体元素包括文本、图像、动画、音频、视频。多媒体技术为何可以直观、准确地表征语言要素知识？多媒体华文语言要素教学素材设计的理论基础到底有哪些？请跟着我们一起来学习吧！

3.1.1 戴尔的"经验之塔"

（一）主要观点
1946 年，美国视听教育家戴尔在其《视听教学法》中提出了"经验之塔"（cone

of experience）的理论，其哲学基础即是杜威的经验主义。经验之塔一经提出，就成为当时视听教学理论的核心。人们学习知识的方式一是由自己的直接经验获得，二是通过间接经验获得。

经验之塔分了 3 个层次：

第一个层次：做的经验；

第二个层次：观察的经验；

第三个层次：抽象的经验。

戴尔"经验之塔"理论要点：

第一，最底层的经验是最直接最具体的经验；

第二，教育应从具体的经验入手，逐步过渡到抽象；

第三，教育必须要把具体经验普遍化，形成概念；

第四，在教学中使用各种媒体，可以使教学活动更具体，能为抽象概括创造条件；

第五，位于中间部位的经验，比上层的言语和符号具体，又能弥补下层直接经验的不足。

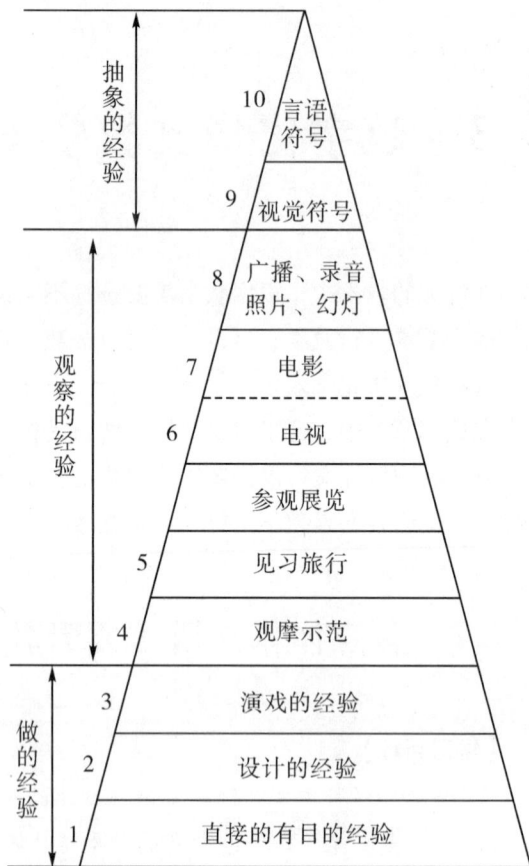

图 3 - 01 戴尔的"经验之塔"

（二）指导意义

（1）把学习经验分为具体与抽象，提出学习应从生动的直观向抽象的思维发展，符合人类的认识规律。

（2）提出了视听教材分类的理论依据，应以其所能提供的学习经验的具体或抽象的程度作为分类依据。

（3）视听教材必须与课程相结合。在《教学技术与媒体》一书中提出了"具体—抽象"连续统，依次从照片、插图到语言符号来表征具体和抽象。这个连续统是从符号学和表征的视角来讲的，它能使直观教学的研究达到了一个新的高度。

3.1.2　多媒体认知理论

（一）主要观点

在 20 世纪中期到 90 年代末期，理查德·E. 迈耶等人以认知负荷理论、双重编码理论等学习理论为基础，总结多媒体学习环境下有意义学习所需要的认知条件并与其他表征相整合，提出了多媒体认知理论。

理查德·E. 迈耶根据"双通道假设、容量有限假设和主动加工假设"的心理学原理，提出了多媒体学习的五个步骤和多媒体认知模型①（如图 3-02 所示），多媒体的教学信息主要是以画面和语词的方式呈现，通过视觉和听觉进入学习者的感觉记忆中，并将感觉记忆中的这些信息有选择地贮存于工作记忆当中。多媒体技术辅助下的学习多发生在工作记忆之中，学习者积极主动地将画面信息和语言信息组成图像模式和语言模式，然后与长期记忆中的相关知识产生一定的联系，最终实现了知识信息的整合与获取。

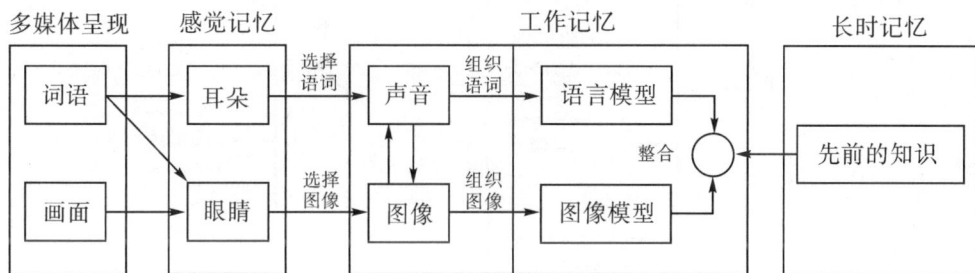

图 3-02　多媒体认知模型

基于此，还提出了多媒体教学信息设计的 7 个原则：多媒体认知原则、空间接近原则、时间接近原则、一致性原则、通道原则、冗余原则和个体差异原则。

（二）指导意义

多媒体认知理论为数字化教学素材的设计提供了重要的理论依据。因此，在设计数字化华文教学素材时，要为不同的知识选择最适宜的多媒体表征方式，并有意识地与之前学过的知识产生一定的关联，帮助学生更好地通过多媒体媒介进行知识的获取与建构。

---

① 理查德·E. 迈耶. 多媒体学习. 北京：商务印书馆，2006.

3.1.3 知识可视化理论

（一）主要观点

2004 年，Eppler 和 Burkard 共同界定了知识可视化的定义，简单地说，可视化就是所有可以用来建构和传达复杂知识的图解手段。集信息技术优势于一体的知识可视化之所以可以应用于教学中，尤其是外语教学中，是因为它具备直观性、趣味性、隐喻性及交互性等特征。

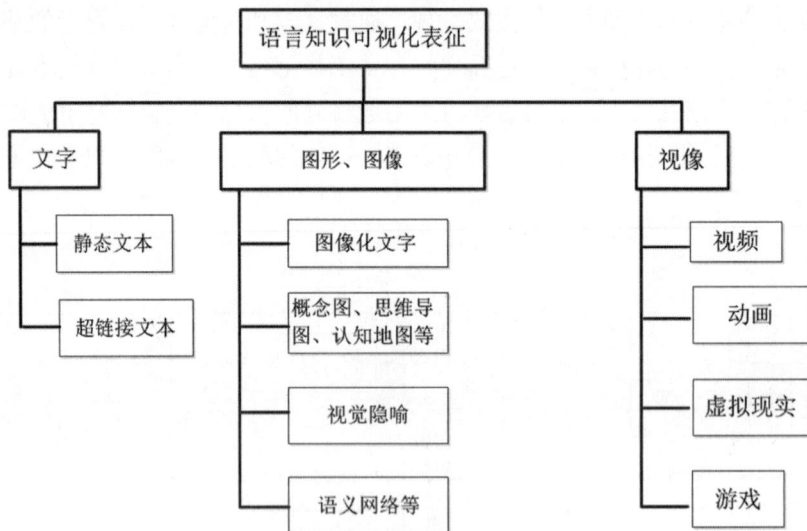

图 3-03　语言知识可视化表征

（二）指导意义

语言知识的可视化，如汉字图像化、图解词义、语法树等，与传统的图片、实物等视觉辅助教学手段相比，最大的特点在于它不是孤立地利用图片或实物进行单个知识点的教学，而是着眼于知识点之间的种种关系，通过可视化工具形象、直观、清晰地帮助学习者将已有的知识与新的知识联系起来，并在不断学习的过程中促进知识网络的完善，实现有意义的学习。

以上理论的特点和指导，可以帮助我们在实际教学应用中，利用多媒体技术更直观、准确地表征语言要素知识，提高华文教学效率。

【思考与练习】

1. 请联系实际谈一谈：在多媒体教学信息设计时，主要应遵循什么原则？

2. 根据知识可视化理论，如何对汉语知识进行可视化表征？

3.2　多媒体元素的特点和功能

【学习目标】

1. 掌握文本、图像、声音、动画和视频的特点、功能及属性。
2. 区分文本、图像、声音、动画和视频等不同媒体形式在语言教学应用中的优势。

导入

> 我们先来看看这个例子
>
> > 以下有三种"汉"字笔顺资源，假设你的教学对象是初级汉语学习者，你会选用哪种资源进行汉字笔顺的教学？
>
> A.文本资源："'汉'字的笔顺是点、点、提、横撇、捺"
>
> B.图像资源：　丶　丬　氵　氵又　汉
>
> C.动画资源：应用Flash动画呈现"汉"字的笔顺

不同的媒体有不同的特点，因此，不同媒体形式在教学中有不同的优势，这一节我们一起了解不同媒体形式的特点和功能。

3.2.1　文本素材的特点、功能及属性

文本是多媒体各类数字化元素中较普遍的元素之一，它是由字符组成的字符序列，主要包括字体、字号、颜色、字形和版式等。在数字化华文教学中，"文本"是最基本的素材。文本素材具有表示简单、易于获取、处理方便、可建立超级链接和占用储存空间小等特点。

在语言教学中，充分应用文本的属性呈现和表征汉语知识，可以更好地进行华文数字化教学。例如，通过对文本字体、字号、颜色、字形（加粗、斜体、底纹、下划线、方框、上标、下标等）、字间距和对齐等进行设置，可以使文本教学素材变得更

加丰富多彩，从而突出教学重点难点，提高教学内容的表现力。

此外，文本教学素材还可以设置超链接功能，突破传统文本信息的线性结构。华文多媒体课件中的标题、内容、按钮中的文本都可以建立对应的超链接功能，教师通过点击超链接，实现教学内容之间的跳转，便于更加灵活立体地呈现知识。

文本数据的格式主要有 TXT、DOC 、PDF 和 RTF 等。普通文本素材的处理是指通过文字处理软件提供的编辑环境，进行文字的输入和编辑。常用的文本处理软件包括：Microsoft Office Word、WPS Office Word、Adobe Acrobat、Ultra Edit 等。

3.2.2 图像素材的特点、功能及属性

图像是指由输入设备捕获实际场景画面所产生的数字图像，或指以数字化形式存储的任意画面。图像的基本属性包括像素、分辨率、颜色、位深、色调、色彩通道等等。据统计，一个人所获取的信息大约有 75% 来自视觉，图像具有直观形象表征地知识、产生视觉刺激、易联系已有知识等方面的优势。

在华文教学中，可以直观表征知识，如图像文字表征汉字部件，如"江"（如图 3-04 所示）；图解词义（如图 3-05 所示）。

图 3-04　图像文字表征"江"字部件

图 3-05　图解词义（剪纸）

图像常用的格式包括 BMP、JPEG、GIF、TIFF、PSD 等，不同的格式具有不同的特征，可满足使用者的多种需求。图像的格式多样、获取途径多样，其处理方法也有多种。在华文数字化教学中，主要的图形图像制作与处理软件有 Adobe Photoshop、Windows 的 Pain Brush（画笔）、Aldus Photo Styler、Corel DRAW、3D Studio Max 和 Painter 等软件。

3.2.3 音频素材的特点、功能及属性

声音是通过一定介质传播的一种连续波，是除视觉之外人们获得信息的最主要方式。音频是一个序列，它具有瞬时性。

在语言教学中，与文本和图形素材不同，音频是一个序列，只能一段一段播放，需要通过操作才能保持和重复。通过听觉通道的刺激，可以集中学习者的注意力，对听力技能的培养具有重要作用，这一特性也有助于对学习者进行听力技能的情景创设、示范、测评、练习等。

音频常见的格式有 WAV、MP3、WMA 和 MIDI。常见的音频处理软件包括：Sound Recorder、Cool Edit、Audacity 等软件。

3.2.4 动画素材的特点、功能及属性

动画是利用人类"视觉暂留"，基于同一主体的一系列微小差异的图片或照片制作而成的。动画是一种综合性艺术，在信息传递上具有很强的表现力，还可以实现人机互动。

在语言教学中，集文本、图像和语音为一体的动画调动了学习者视觉、听觉等多方面的感官，在提高学习者的注意与兴趣等方面能发挥较大作用。动画还可以动态地模拟和演示一些事物的发展变化过程，使许多抽象或难以理解的教学内容变得生动有趣，如运用于一些较难理解的虚词或者成语等的演示，可以达到事半功倍的效果。此外，动画的交互功能使语言教学能够更接近真实的语言交际情景，使学习者沉浸在人机交互中，可以高效、身临其境地学习华语。

现有的动画数据主要有 FLIC、DIR、SWF 等格式。常用的动画处理软件主要有Flash、3D Studio、Autodesk Maya 等。

3.2.5 视频素材的特点、功能及属性

视频通常是采集于自然景物的动态影像。视频可以对事物进行视觉、听觉的多维展示，包含大量的信息，更具感染力。

视频是对现实世界的真实记录，在语言教学中，视频可以很好地表现出事物的细节，通过丰富多彩的真实画面调动学习者的多种感官，帮助学生熟悉并掌握陌生的信息内容，如"京剧""包饺子"等，提高学生学习的积极性，加快认知的速度。但是需要注意的是，视频在呈现这些画面的同时，也可能会传递大量的无关信息，如果不对其加以鉴别，可能会对学生的学习造成一定的干扰和影响。

视频的格式多样，主要有 AVI、MPEG、RM 和 MOV 等。常用的视频软件主要有 Premiere、Video Studio（绘声绘影）、Media Studio 以及 Real Producer 等软件。

在教学过程中，教师需要根据教学内容和教学对象的特点来选择恰当的多媒体教学形式，常见的媒体形式有文本、图像、声音、动画和视频，它们具有不同的特点和优势。文本素材由字符组成，具有操作灵活简便、占用储存空间小等属性；图像素材生动直观，从视觉上对学习者的直接刺激较大，便于理解和记忆；音频素材则是从听觉通道产生刺激，能够迅速集中学习者的注意力，可重复性使得它成为不可替代的听力练习途径；动画素材综合了听觉和视觉这两种感官，动感性更强，对知识的展现也更透彻；而视频素材则是对真实画面的还原，不同于动画素材的虚拟性，视频更加直观、立体。在实际教学中，还可以综合运用以上五种教学媒体形式，达到最佳教学效果。

【思考与练习】

1. 在讲述汉字"我"的书写顺序时，你会运用哪类教学媒体？请简单说明你所选取媒体的特点和作用。

2. 要生动形象地讲解中国春节习俗，你会运用哪类教学媒体？请简单说明你所选取媒体的特点和作用。

3. 在训练学生区别平舌音和翘舌音时，你会运用哪类教学媒体？请简单说明你所选取媒体的特点和作用。

4. 在讲解"颐和园""长城"等词的词义时，你会运用哪类教学媒体？请简单说明你所选取媒体的特点和作用。

3.3 汉语拼音自动标注方法及应用示例

【学习目标】

1. 掌握汉字拼音自动标注的常见方法。
2. 会恰当地应用汉语拼音标注方法设计拼音练习题。

导入

大家都知道，正确掌握汉语语音对于华文口头交流至关重要，语音学习也是学习华文的基础。汉语拼音主要用于普通话读音的标注，其要素包括声母、韵母和声调。声母是指音节开头的辅音，普通话中有 21 个声母，39 个韵母，四个声调，声调分别用"ˉ（阴平）、ˊ（阳平）、ˇ（上声）、ˋ（去声）"符号表示，标注在汉语拼音主要元音上。拼音标注还要注意儿化音、轻声等。

常用的汉语自动拼音标注方法有三种：Microsoft Word 中的"拼音指南"工具、专门的专业的汉字转拼音软件（包括网上汉字转拼音工具）和软键盘输入法。

3.3.1 汉语拼音自动标注方法及示范应用（一）

Microsoft Word 中的"拼音指南"工具的应用

（一）准备工作

（1）设计好的汉语拼音标注的教学任务。

（2）中文 Microsoft Word（2003、2007 或以上版本）。

（3）如果使用英文，要注意相关的英文菜单标注。

（二）应用情景

（1）情景 1：汉字拼音标音标调，要注意儿化音和轻声。

（2）情景 2：练习题的设计，如下"读句子标声调"，思考如何去掉声调。

（3）情景 3：练习题的设计，如下"读拼音写汉字"，思考如何删除汉字。

情景 1	情景 2	情景 3
汉字标音标调 Mā ma mǎi le miàn bāo 妈妈买了面包。	练习题：读句子，标声调。 Ma ma mai le mian bao 妈妈买了面包。	练习题：读拼音写汉字。 Mā ma mǎi le miàn bāo. _____

（三）操作步骤

【步骤 1】打开 Microsoft Word，输入句子"妈妈买了面包"。

【步骤 2】鼠标选中要标注的句子"妈妈买了面包"。单击 开始 （ Home ）菜单中的"拼音指南（Phonetic Guide）"工具图标 文 （ abc/A ），如图 3 – 06 所示：

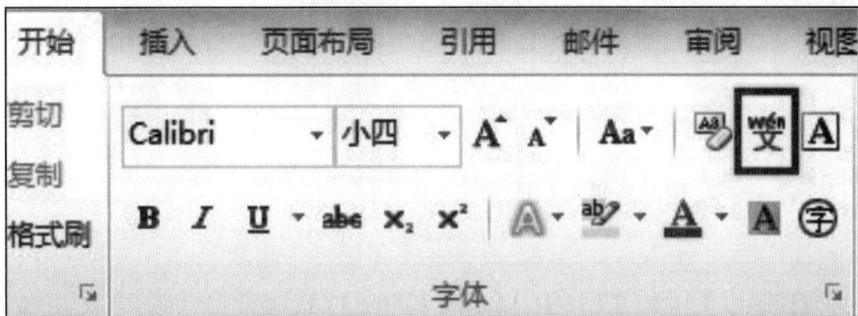

图 3 – 06　拼音指南工具

【步骤 3】在"拼音指南"工具框中设置"对齐方式（Alignment）""字体（Font）""偏移量（Offset）"和"字号（Size）"，如图 3 – 07 所示。对话框中将第二个"mā"的拼音改为轻声 ma，单击 确定 （ OK ）按钮，效果如下：

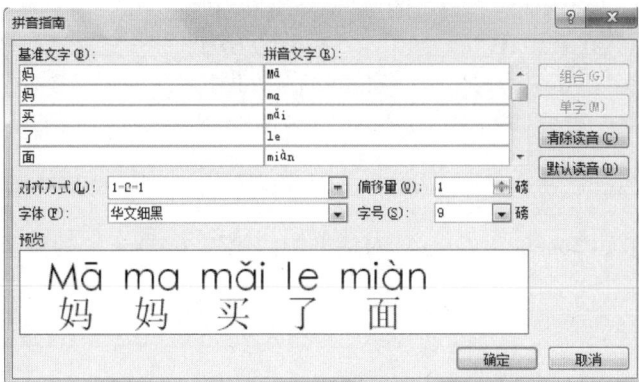

图 3 – 07　"拼音指南"对话框

问题1：如何删除已标注拼音？

方法："拼音指南（phonetic Guide）"工具框中"清除读音（clearance）"单击 确定 （ OK ）按钮，效果如图3-08所示：

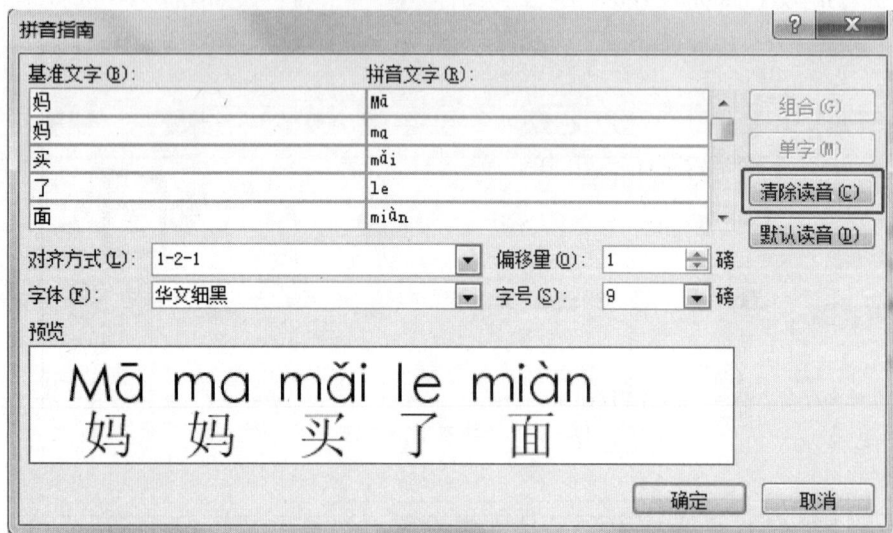

图3-08   "拼音指南"对话框

问题2：轻声如何处理？

我们来看看以下例子：

方法：

在"拼音指南（Phonetic Guide）"对话框中将第二个"mā"的拼音改为轻声 ma，如图3-09所示：

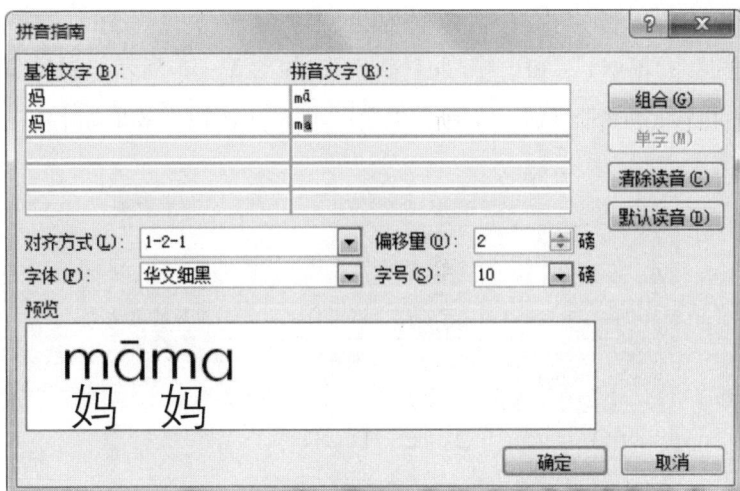

图 3-09 "拼音指南"中修改拼音

（四）示范应用

【步骤1】打开 Microsoft Word，输入句子"妈妈买了面包"。

【步骤2】鼠标选中要标注的句子"妈妈买了面包"。单击"开始（Home）"菜单中的"拼音指南（Phonetic Guide）"工具图标 （ ），如图 3-10 所示：

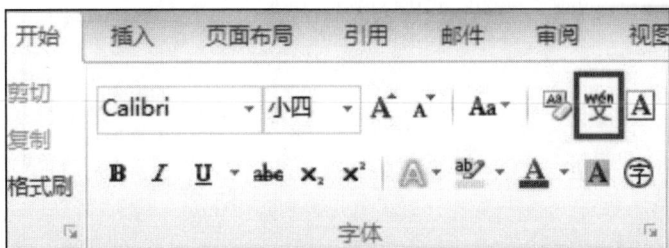

图 3-10 拼音指南工具

【步骤3】在"拼音指南"工具框中设置"对齐方式（Alignment）""字体（Font）""偏移量（Offset）"和"字号（Size）"，如图 3 – 11 所示。对话框中将所有带声调的韵母拼音改为不带声调 a，单击 确定 （OK）按钮，效果如下：

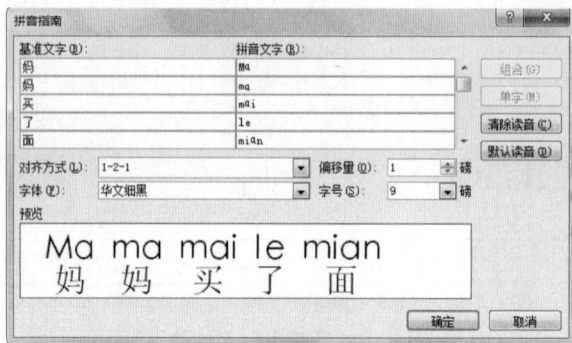

图 3 – 11 "拼音指南"对话框

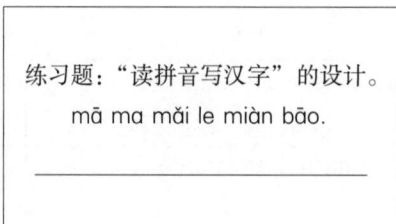

练习题："读拼音写汉字"的设计。
mā ma mǎi le miàn bāo.

_____

Microsoft Word 中的"拼音指南"工具。

【步骤1】打开 Microsoft Word，输入句子"妈妈买了面包"。

【步骤2】鼠标选中要标注的句子"妈妈买了面包"。单击"开始（Home）"菜单中的"拼音指南（Phonetic Guide）"工具图标 （ ），如图 3 – 12 所示：

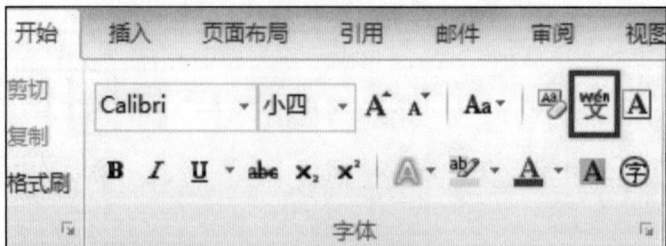

图 3 – 12 拼音指南工具

【步骤3】在"拼音指南（Phonetic Guide）"对话框中将第二个"mā"的拼音改为轻声"ma"，如图3-13所示：

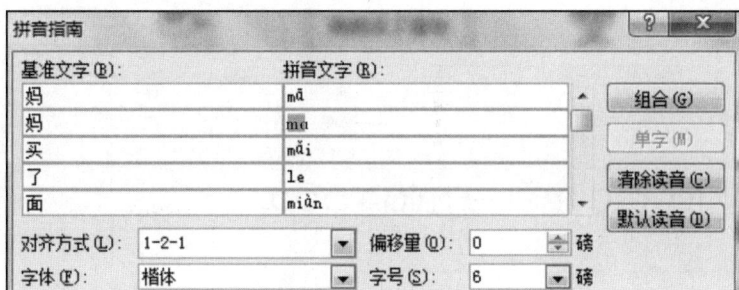

图3-13 拼音修改

【步骤3】修改好后，点击右上角组合（Group）按钮，实现拼音组合效果，如图3-14所示：

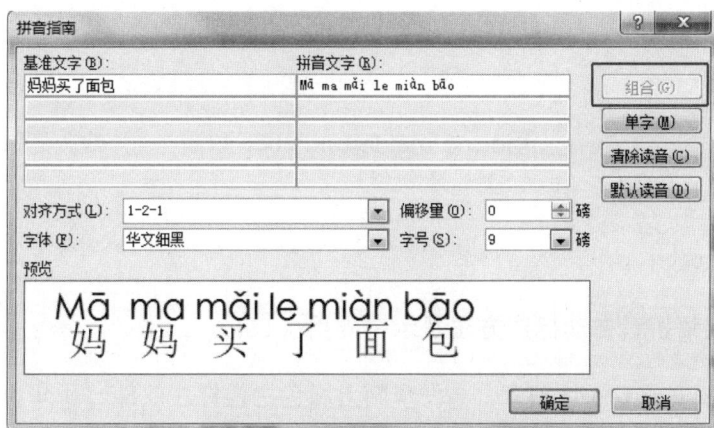

图3-14 拼音文字组合效果

【步骤4】鼠标选中组合后的拼音，单击鼠标右键进行复制（Copy），如图3-15所示：

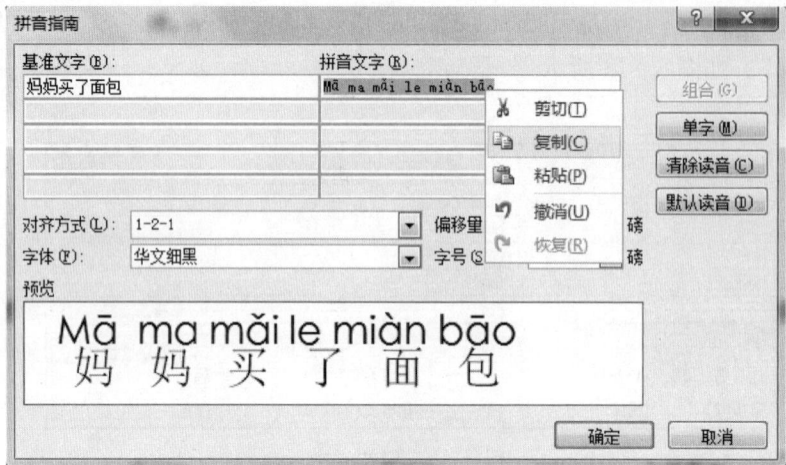

图 3-15　复制组合后的拼音

【步骤5】点击 取消 （ Cancel ）按钮，关闭"拼音指南（Phonetic Guide）"工具框。将复制后的拼音粘贴（Paste）在文档中，将字体设置为"华文细黑"，拼音之间空一格，最终效果如下：

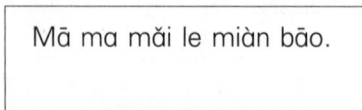

Mā ma mǎi le miàn bāo.

3.3.2　汉语拼音自动标注方法及示范应用（二）

我们应用百度或 Google 搜索，会发现网上绿色拼音标注软件"中华拼读王""汉字在线翻译为拼音""在线汉字注音软件""汉字拼音标注工具"等。下面，我们向大家介绍一种"实用汉字转拼音软件"软件。

（一）准备工作

（1）设计好的汉语拼音标注的教学任务。

（2）实用汉字转拼音软件（该软件只能在中文 Windows 系统中运行）。

（二）应用情景

（1）情景1：汉字拼音标音标调，但是要注意儿化音和轻声。

（2）情景2：练习题的设计，如下的"读句子标声调"。

（3）情景 3：练习题的设计，如下的"读拼音写汉字"。

情景 1	情景 2	情景 3
汉字标音标调 Mā ma mǎi le miàn bāo 妈 妈 买 了 面 包。	练习题：读句子，标声调。 Ma ma mai le mian bao 妈 妈 买 了 面 包。	练习题：读拼音写汉字。 Mā ma mǎi le miàn bāo. _____。

（三）操作步骤

【步骤 1】运行"实用汉字转拼音"软件。

【步骤 2】输入要进行标注的句子"妈妈买了面包"。

【步骤 3】在"拼音转换输出选项"工具栏中勾选"包括声调［注音］"栏，单击 转换 按钮，可实现标音标调的效果，如图 3－16 所示：

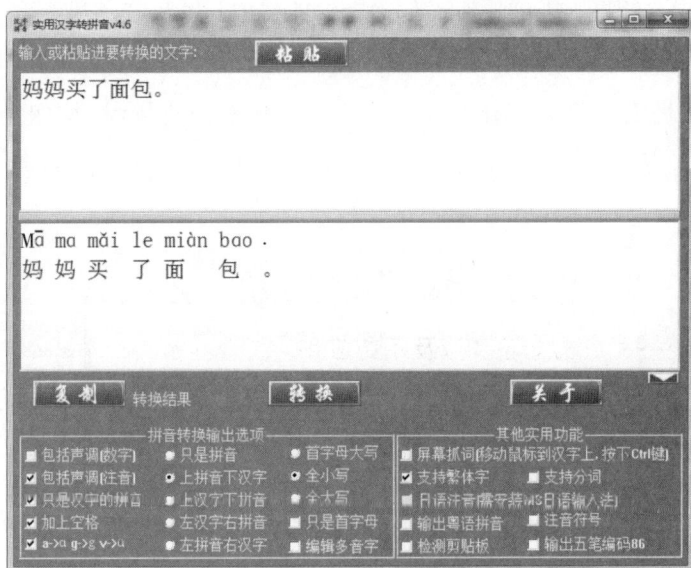

图 3－16　标音标调

【步骤 4】在"拼音转换输出选项"工具栏中 不勾选"包括声调［数字］"和"包括声调［注音］"两栏，可实现标音不标调的效果，如图 3－17 所示：

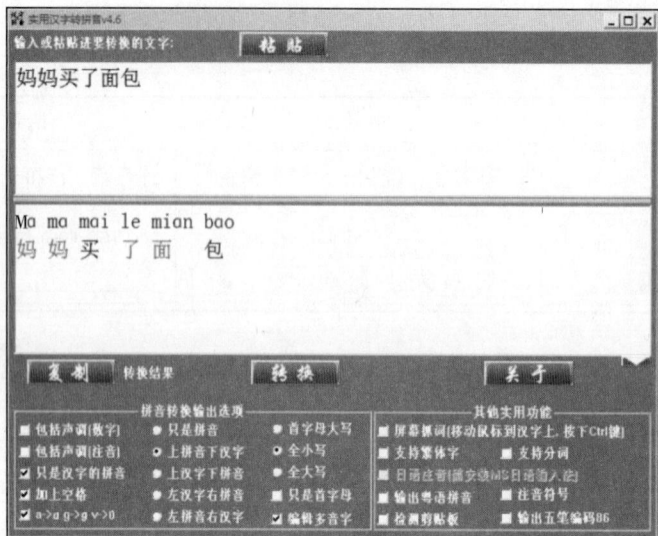

图 3 – 17　拼音转换效果

【步骤 5】导出结果。因该软件不是编辑软件，因此，拼音结果需要导出到 Word 或其他编辑软件。在空白处单击鼠标右键，选中"结果导出为 MS Word 格式"，在弹出的对话框中根据需要设置字体与字号，设置完成后单击 确定 按钮。如图 3 – 18 所示：

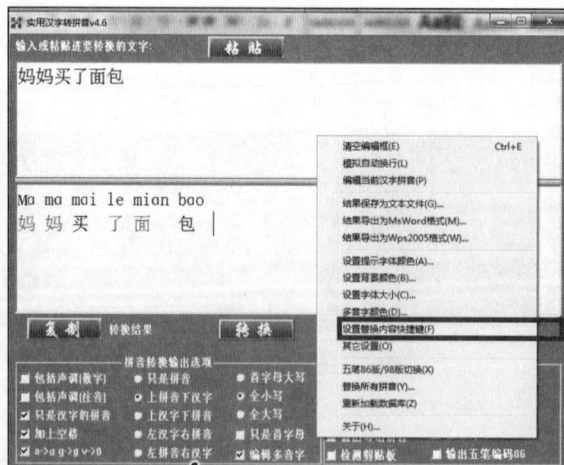

图 3 –18　结果导出快捷菜单

注：除了对汉字标音不标调外，"实用汉字转拼音"软件中还有拼音标注的多种形式，汉语教师可以根据教学需要进行灵活选择，如图3-19所示：

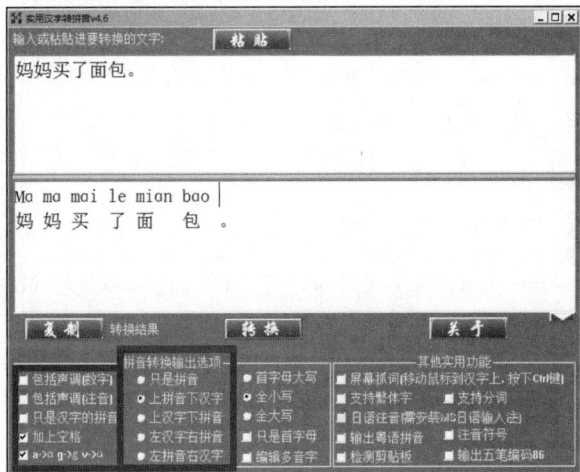

图3-19 拼音转换的多种效果

（1）拼音标注形式多样，可以根据需要进行设置，几种形式可同时选择，不同标注效果见表3-01：

表3-01 "实用汉字转拼音"中拼音标注形式及效果

拼音标注形式	标注效果
包括声调［数字］	Ma1 ma5 mai3 le5 mian4 bao1 妈 妈 买 了 面包
包括声调［注音］	mā ma mǎi le miàn bāo 妈 妈 买 了 面包
只是汉字的拼音	ma ma mai le mianbao 妈 妈 买 了 面包
加上空格	ma ma mai le mianbao 妈妈 买 了 面 包
-a->ɑ g->g u->ü	ma ma mai le mian bao 妈 妈 买 了 面 包

（2）汉字与拼音的位置形式也可以选择，不同位置效果见表3-02：

表3-02　"实用汉字转拼音"中汉字与拼音的不同位置及效果

位置形式	效果
上拼音下汉字	Ma ma mai le mian bao 妈 妈 买 了 面 包
上汉字下拼音	妈 妈 买 了 面 包 ma ma mai le mianbao
左汉字右拼音	妈（ma）妈（ma）买（mai）了（le）面（mian）包（bao）
左拼音右汉字	ma（妈）ma（妈）mai（买）le（了）mian（面）bao（包）

实现两种常见效果：①与汉字一起标音标调；②与汉字一起标音不标调。

3.3.3　汉语拼音自动标注方法及示范应用（三）

当我们不能使用 Microsoft Word 中的"拼音指南"或专门的汉字转拼音软件时，该如何在电脑文档中标注拼音？接下来，我们和大家一起学习中文输入方法中的"拼音软键盘"，以"搜狗输入法"为例。

（一）准备工作

（1）文字编辑软件，如 Microsoft Word 或其他软件。

（2）中文输入方法，如搜狗输入法。

（二）应用情景

（1）情景1：汉字拼音标音标调，要注意儿化音和轻声。

（2）情景2：练习题的设计，如下"读句子标声调"。

（3）情景3：练习题的设计，如下的"读拼音写汉字"。

情景 1	情景 2	情景 3
汉字标音标调 Mā ma mǎi le miàn bāo 妈 妈 买 了 面 包。	练习题：读句子，标声调。 Ma ma mai le mian bao 妈 妈 买 了 面 包。	练习题：读拼音写汉字。 Mā ma mǎi le miàn bāo. _____。

（三）操作步骤

软键盘输入法（搜狗输入法）

【步骤1】将输入法切换到英文输入状态，在 Word 中输入句子及不带声调的字母，如下所示：

Ma　ma　mai　le　mian　bao.
妈　妈　买　了　面　包。

【步骤2】鼠标左键单击输入法中的软键盘图标 ，在弹出的菜单中选择"拼音字母"选项（如图 3 - 20 所示），单击出现带声调的韵母软键盘（如图 3 - 21 所示）。

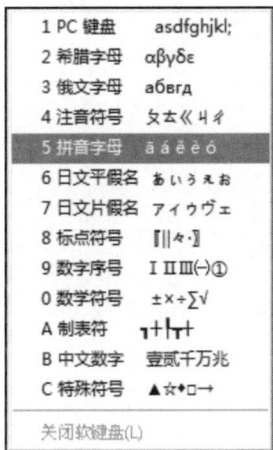

图 3 - 20　快捷菜单图

图 3 - 21　软键盘

【步骤3】用鼠标选中需要标声调的韵母，单击软键盘中相应的带调韵母键，即可完成替换，从而进行拼音标注，效果如下：

Mā　mā　mǎi　le　miàn　bāo.
妈　妈　买　了　面　包。

【步骤4】输入完成后，单击输入法工具栏中的软键盘图标 ，即可关闭软键盘。

【步骤5】在 Microsoft Word 中，将拼音的字体格式改为"华文细黑"，可使拼音更标准、美观，如下所示：

Mā   ma   mǎi   le   miàn   bāo.
妈   妈   买   了   面   包。

注：使用这种方法时，需要知道该字准确的拼音拼写规则及轻声的情况。

汉语拼音在汉语教学和日常生活中都有重要地位。这一节我们介绍了汉语拼音标注的三种常用方法：Microsoft Word 中的"拼音指南"工具、"实用汉字转拼音"软件和软键盘拼音输入法。同学们自己比较一下三种方法，也可以参考我们的指导文档。

第一和第三种方法只能实现标音不标调的效果，"实用汉字转拼音"软件标注形式多样，教师可以根据教学需要灵活选择，以达到预期教学效果。

在教学中，拼音标注有多种形式：①与汉字一起标音标调；②与汉字一起标音不标调；③无汉字只有拼音，教师可以选择合适的标注方法辅助教学，实现教学目的。

表 3－03　　三种拼音标注方式的优、缺点比较

方法	优点	不足
Microsoft Word 拼音指南标注法	①操作简便； ②字音对应，格式选择较多，用户可根据需要设置； ③可以单独复制选择拼音； ④便于不清楚该字拼音的使用者进行操作。	①拼音和汉字不能分离，且形式都是上拼音下汉字； ②标注后不能对拼音进行修改，若要修改须在"拼音指南"对话框中进行； ③标注的字数有限，最多不超过 100 个汉字。
"实用汉字转拼音"软件	①操作简便； ②汉字和拼音可以分离，便于进行修改和格式设置；且格式多样，可以满足不同学习者的需要。	隐含可鼠标右键单击的操作，需要用户留心才可知道此操作。
软键盘输入法	①汉字和拼音可以分离； ②软键盘包含了所有的带调韵母，方便设计对韵母的练习操作。	①要将拼音和文字进行一一对应，需调整格式，比较麻烦； ②操作比较复杂，不适合对较长语句进行拼音标注； ③必须知道该字的拼音才可以进行标注。

【思考与练习】

1. 分别应用 Microsoft Word 拼音指南标注法、"拼音软键盘"和"实用汉字转拼音"软件三种方式，对《买东西》一课中"今年我六岁了，昨天是我的生日，我们一家去买东西"这句话进行拼音标注。

2. 根据本课所学习的内容，请分析三种拼音标注的方法各有哪些优点和缺点。

3.4　数字化语音处理方法及应用示例

【学习目标】

1. 了解采样频率、量化位数和声道数对数字化声音处理的影响。
2. 掌握数字化录音、调整读音顺序、多轨道声道合成等方法。
3. 了解不同的音频数据格式。

导入

我们都知道，掌握标准的发音，进行流利的口头交流是每一位学习语言的人梦寐以求的事情。数字语音有方便存储、转播和分享的特点。随着 MP3、手机、Pad 等数字终端的普及应用，数字语音为教师的示范、学生的模仿和听说训练提供了良好的支撑。如何进行数字语音的录制、处理和加工，是这节课要和大家分享的主要内容。

3.4.1　基础知识

（一）声音的基本概念

声音是通过一定介质传播的一种连续波。声音的重要指标有振幅（音量的大小）、周期（重复出现的时间间隔）和频率（指信号每秒钟变化的次数）。

（二）声音的数字化三要素

声音的数字化三要素包括采样频率、量化位数和声道数。采样频率，如我们熟悉的调频广播所采用的采样频率为 22.05kHz，CD 唱片记录数字化音频的采样频率为 44.1kHz；量化位数，如 CD 唱片所记录数字化音频的量化位数为 16 bit，DVD 所记录数字音频的量化位数为 24 bit。声道数有我们熟知的单声道、双声道和多声道。采样频率越高，量化位数越多，得到的数字化音频的质量越高，相应的信息量或文件尺寸也越大，立体声比单声道的表现力丰富，但数据量翻倍。

3.4.2　准备工作

（一）连接好麦克风

将你的录音麦克风连接到电脑"Mic"接口，并开启电源。

（二）获取 Audacity 数字语音处理软件并安装

http://www.audacityteam.org/。

Audacity 是一款免费的跨平台音频处理软件，操作界面简便，音频处理专业。

图 3 - 22　Audacity 软件下载界面

（三）了解 Audacity

Audacity 软件启动之后的界面如下图：

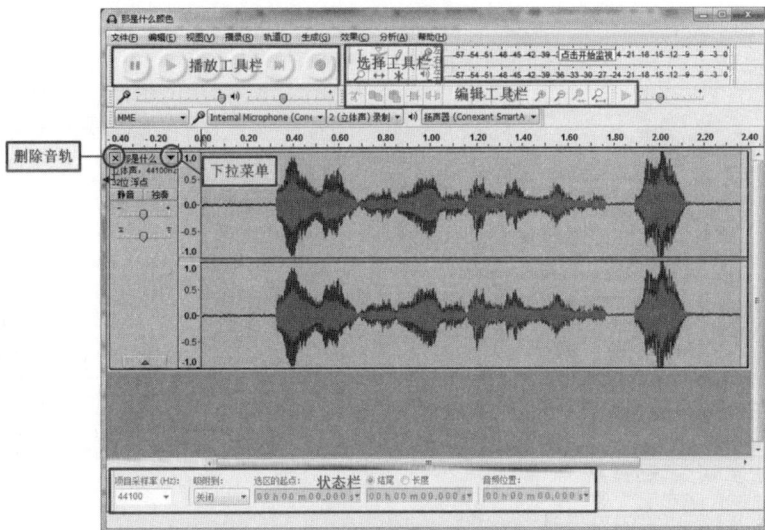

图 3 - 23　Audacity 软件启动后界面

下面我们先简单介绍各个板块的功能和一些常用的工具。

（1）播放工具栏：播放、停止、暂停、跳至开头等操作。

表 3 - 04　Audacity 软件播放工具栏

暂停	播放	停止	跳至开始位置	跳至结束位置	录制

（2）选择工具栏：用以选定、移动、放大波形显示一段音乐，按住 Shift 键变成缩小显示。

表 3 - 05　Audacity 软件选择工具栏

选择工具	包络工具	绘制工具	缩放工具	时间移动工具	多功能工具

（3）编辑工具栏：复制、粘贴、裁剪、撤销等工具。可以裁剪一段音乐设成静音音频。工具栏中还可以放大、缩小音乐，可以放大选中片段或者显示整个音乐波形。

表 3 - 06　Audacity 软件编辑工具栏

剪切	复制	粘贴	修建音频	静音音频	撤销
重做	锁定轨道	放大	缩小	适应选区	适应项目

（4）在音轨左侧标签面板中，有删除按钮和下拉菜单按钮，可以将立体声分割成单声道。

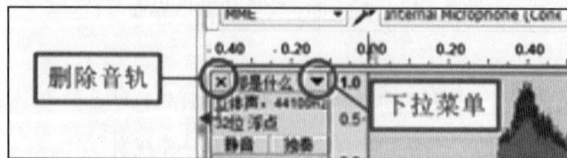

图 3 - 24　删除按钮和下拉菜单按钮

3.4.3　应用情景——录音、编辑和合成

（一）音频录制

【问题1】李老师录制了一段自己朗读课文的声音，提供给学生做跟读练习。录音文本是《中文》教材第一册第11课。

> 《认方向》
> 早上起来，面向太阳。
> 前面是东，后面是西。
> 左边是北，右边是南，
> 东南西北，四个方向。

【步骤1】双击"Audacity"图标，打开 Audacity 软件。

【步骤2】点击录制按钮 ●，开始录音。

【步骤3】朗读语句"认方向"；点击 ❚❚ 可以暂停录音，再次点击暂停按钮可以接着录音；点击 ▶ 可以回放录音。

【步骤4】朗读完毕后，单击停止按钮 ■，可以停止录音。

图 3－25　音频录制

【步骤5】保存录音文件。停止录音后，点击菜单 文件 — 导出音频 （ File – Export Audio ），在弹出的对话框中，输入音频名称，选择保存类型为 WAV、MP3 或其他格式保存录音。单击"保存"按钮。点击 文件 — 另存为 （ File – Save Project As ），可保存过程性文件，方便后续修改和编辑。

【步骤6】导出文件。根据教学需要，可以选择音频数据格式导出音频文件。

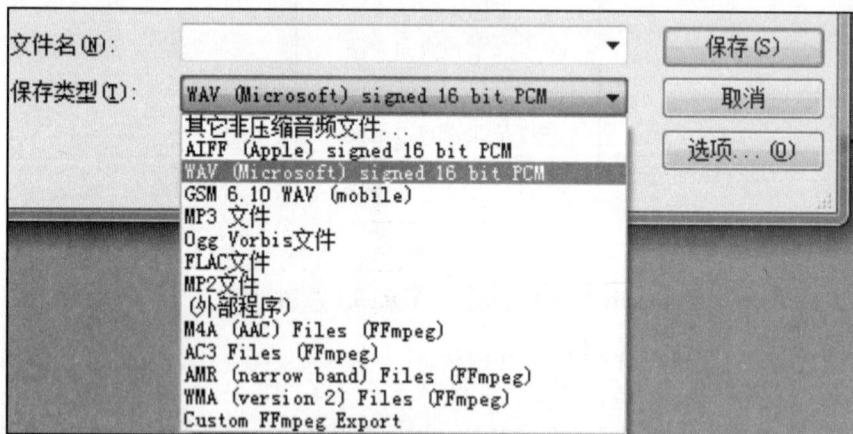

图 3 – 26　音频保存类型

（二）音频先后顺序的调整

【问题2】录制完成后，发现一句子的先后顺序错了，"右边是南，左边是北"，调整词语顺序变成"左边是北，右边是南"，顺序调整具体操作步骤如下。

【步骤1】音频片段的选择。点击选择工具 I ，将光标线放至期望截取音频的开端处，用鼠标从某个时间点拖动到另一个时间点，如图 3 – 27 所示：

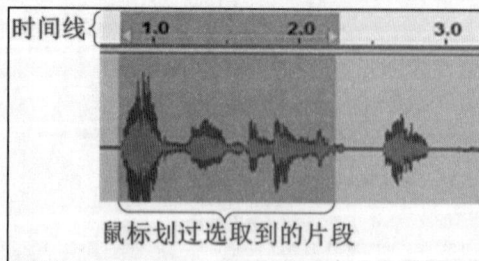

图 3 – 27　音频片段选择

【步骤 2】音频片段的试听。点击 可以试听选取的片段。试听发现与想要截取的片段内容不符，再用鼠标重新调整选取。

【步骤 3】音频片段的剪切。点击菜单栏中 编辑 — 剪切 （ Edit – Cut ）。

【步骤 4】片段先后顺序的调整。将选择工具 I 的光标线放至希望插入音频的地方，点击菜单中 剪辑 — 粘贴 （ Edit – Paste ），即可插入剪切下来的片段。

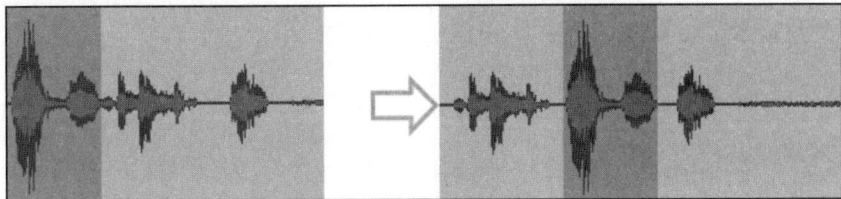

图 3 – 28　音频片段先后顺序的调整

技巧：音量的调整

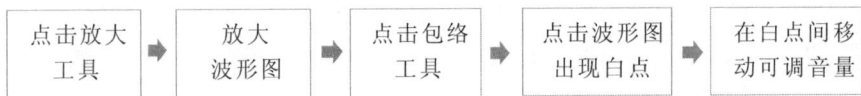

点击放大工具	放大波形图	点击包络工具	点击波形图出现白点	在白点间移动可调音量

图 3 – 29　音频音量调整操作流程

【步骤 1】为了方便观察，可以先点击"放大工具" 将声音波形变大。

观察图形可以发现，"前面是东"的音量与其他词语差异较大，为了协调整个句子，可以将"前面是东"的音量调小。

【步骤 2】点击选择工具栏中的"包络工具" ，点击声音波形图会出现白色的小点，再点击另一处也会出现白色的小点，在这两处有白点之间的地方上移或下移，即可看到声音波形变大或缩小，如此便可单独调整某一段音频音量的大小。

【步骤 3】点击 可以撤销上一步的操作。

图 3 - 30　音频音量调整

（三）多轨道操作

【问题3】李老师想用音乐配合朗读，给"认方向"这篇课文添加背景音乐，如何将背景音乐与朗读合成在一起呢?

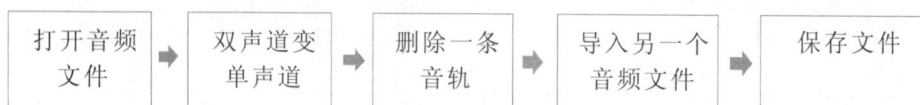

图 3 - 31　音频多轨道操作流程

【步骤 1】打开音频文件。启动 Audacity，点击菜单 文件 — 打开 （ File - Open ），即可打开音频文件;

【步骤 2】双声道变单声道。点击左边音轨标签上的下拉按钮，选择 分离立体声为单声道 （Split Stereo to Mono），将双声道分割成两个独立的单声道。如图 3 - 32 所示:

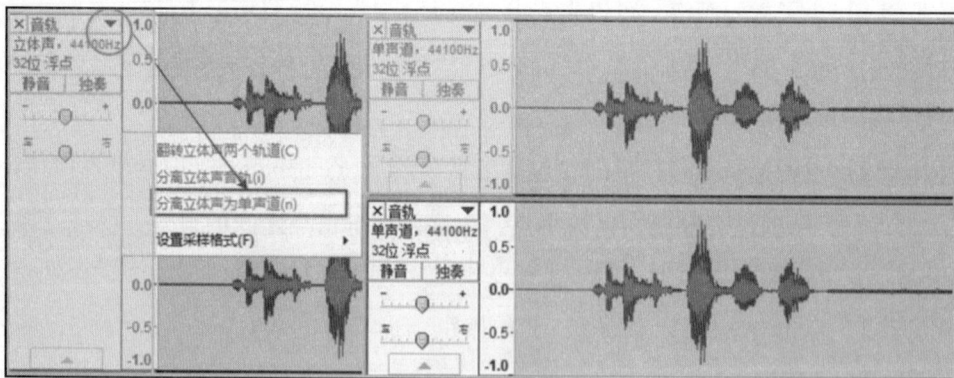

图 3 - 32　音频双声道变单声道

【步骤3】删除一条音轨。点击音轨面板中的交叉按钮 ⌧音轨 ，删除一条音轨。

【步骤4】导入另一个音频。点击菜单 文件 — 导入 （File—Import），即可插入另一个音频文件。

注：是采用"导入 （Import）"命令，而不是"打开 （Open）"。

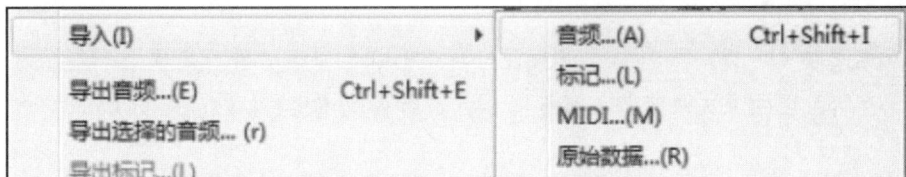

图 3 – 33　导入另一个音频

【步骤5】对齐两条音轨。采用同样的步骤将背景音乐双声道变成单声道。调节背景音乐的音量，两条单声道音频上下对齐，播放朗读时会就有背景音乐了。

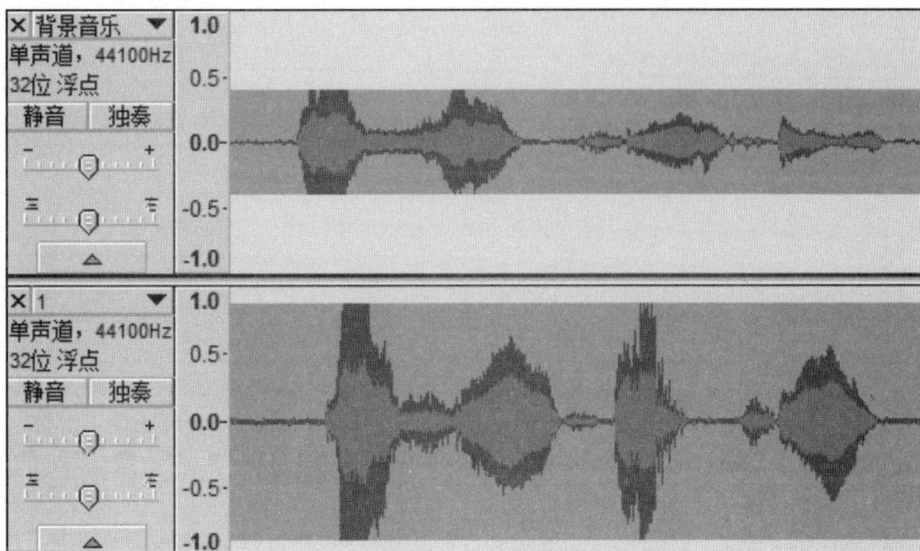

图 3 – 34　对齐音轨

【步骤6】保存文件。点击菜单 文件 — 导出音频 （File – Export Audio），在弹出的对话框中，输入新音频的名称，选择保存类型为 WAV、MP3 或其他格式保存文件。

音频材料是语言教学中不可或缺的资源之一，学会音频录制和编辑处理对于语言教学课件制作、电子教材编辑、听力训练材料制作等大有裨益。Audacity 是一款比较适合教师使用的免费跨平台音频处理软件，不仅能满足教学音频的录制，还能进行音频降噪处理、音频片段的截取、片段之间拼接、音量大小的调整和声音节奏的改变等。掌握 Audacity 音频处理方法，可以制作立体化教学资源，丰富语言课堂教学。

【思考与练习】

1. 请选取《中文》教材第二册中任意一课内容，对课文进行朗读录音。
2. 为所录制的课文录音加入背景音乐，进行多轨道操作。

3.5　汉字图像化处理方法及应用示例

【学习目标】

1. 了解汉字字形基础、图像化文字特点、图像处理软件及其基本知识。

2. 通过对呈现汉字部件、设计描红字、呈现汉字笔画顺序和设计错字等示范应用，掌握汉字图像化的处理方法。

导入

汉字作为汉语的书写符号系统，是音、形、义的统一体。其中，字形是汉字学习中的重点和难点。在实际教学中，如何直观地表征和呈现汉字笔画、部件和书写顺序，使汉字教学变得更简单、更有趣呢？请跟我们一起学习有趣的图像化汉字吧。

3.5.1　处理方法

（一）汉字字形基础

汉字作为汉语的书写符号系统，是音、形、义的统一体。

（1）笔画。笔画是汉字的最小构成单位。最基本的汉字笔画有横、竖、撇、捺、折五种。

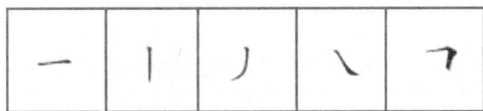

图 3-35　汉字基本笔画

（2）部件。部件是由笔画组成的构字单位。如：

图 3-36　汉字"华"的部件

（3）笔顺。笔顺是汉字书写时笔画的先后顺序。直观地呈现汉字书写顺序能够帮助学习者有效地识记汉字。如：

图 3-37　汉字"汉"的笔顺

（二）图像化文字特点

在我们熟悉的文字处理软件中，文字的属性是以一个文字为单位来设定的，如颜色、字形、大小等。而图像文字是由像素点阵组成，我们可以用三种颜色表示"华"字的三个部件：

图 3-38　　"华"字部件的三种颜色呈现

（三）图像处理软件及其基本知识

Adobe Photoshop，简称"PS"，是由 Adobe Systems 开发和发行的图像处理软件。

表 3-07　Adobe Photoshop 组成部分与功能使用

标题栏	位于主窗口顶端。属性栏（又称工具选项栏）。选中某个工具后，属性栏就会改变成相应工具的属性设置选项。
菜单栏	菜单栏为整个环境下所有窗口提供菜单控制，包括：文件、编辑、图像、图层、选择、滤镜、视图、窗口和帮助九项。
图像编辑窗口	中间窗口是图像窗口，它是 Photoshop 的主要工作区，用于显示图像文件。图像窗口带有自己的标题栏，提供了打开文件的基本信息，如文件名、缩放比例、颜色模式等。

（1）工具箱。工具箱中的工具可用来选择、绘画、编辑以及查看图像。在这一节中，我们要使用"横排文字工具""多边形套索工具""移动工具"。

（2）控制面板。可通过"窗口/显示"来显示面板，这节课中我们要使用"图层""色板"和"历史记录"。

3.5.2　应用示范——呈现部件、设计描红字、呈现笔顺、设计错字

（一）呈现部件

以"华"字为例，处理操作步骤如下：

1.新建文件 → 2.输入汉字 → 3.栅格化处理 → 4.精准选择部件 → 5.填充部件颜色 → 6.保存数据

图3-39　汉字部件图像化处理的基本步骤

【步骤1】新建文档。

启动Photoshop，执行 文件—新建 （ File - New ）命令（如图3-40），在名称中输入汉字"华"，设置相同数值的"宽度（Width）"与"高度（Height）"，如200像素（pixels），单击 确定 （ OK ）按钮（如图3-41）。

图3-40　新建选项

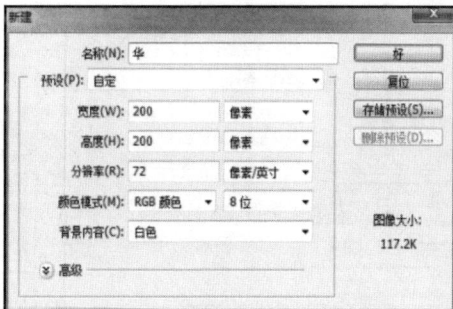

图3-41　新建"华"字文档

【步骤2】输入汉字。

单击文字输入图标 T ，将字体定义为"楷体"，字号为"180"，设置后将鼠标光标移到文档，输入"华"字（如图3-43）。

文件(F) 编辑(E) 图像(I) 图层(L) 选择(S) 滤镜(T) 视图(V) 窗口(W) 帮助(H)

T ▾   ‖T   楷体 ▾   - ▾   ‖T 180点 ▾   ªa 锐利 ▾   ▤▤▤   ■   ⊥   ▣

图3-42   设置字体及字号参数

图3-43   "华"字

【步骤3】栅格化图层(汉字"华"所在的图层)。

选择"华"字所在图层(Layers),单击鼠标右键,选择"栅格化图层(Rasterize Type)"(如图3-44)。注意:栅格化图层后,[T 华] 变为 [▨ 华](如图3-45)。

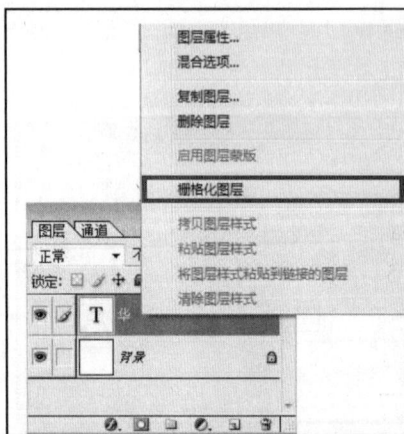

图3-44   "栅格化图层"选项   图3-45   栅格化前后的图层对比

【步骤4】精准选择部件范围。

选择"多边形套索"工具 ⛱ ,分别选中"华"的部件"亻"(如图3-46),

可用"移动工具" ▸⊕ ,移动键盘的"→"(一次)、"←"键(一次),准确选中部首"亻"的范围（如图 3 - 47）。

图 3 - 46　"多边形套索"选中"亻"

图 3 - 47　准确选中部首"亻"

【步骤5】填充颜色。在"色板（Swatches）"面板中选择相应颜色（如图 3 - 48），如"蓝色"，并在工具栏"编辑（Edit）"中选择"填充（Fill）"工具，填充部件"亻"（如图 3 - 49）。取消选取范围可用快捷键的方法，$\boxed{\text{Ctrl + D}}$。

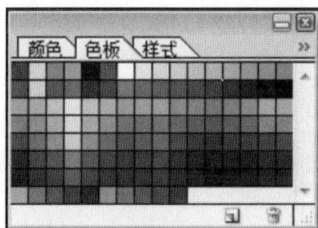

图 3 - 48　在"色板"面板中选择颜色

图 3 - 49　"亻"被填充为蓝色

【步骤6】保存文件。执行文件 - 存储（File - Save）命令（如图 3 - 50），将文件保存为 PSD 和 JPEG 格式，单击保存按钮（如图 3 - 51）。

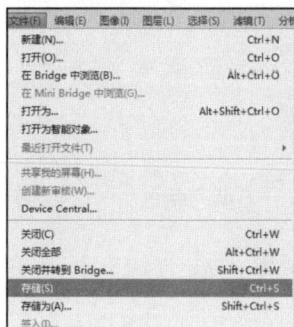

图 3 - 50　"存储"选项

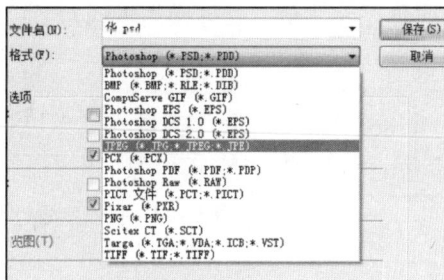

图 3 - 51　保存为 JPEG 和 PSD 格式文件

表3-08　PSD 和 JPEG 格式文件区别

不同功能	PSD 格式	JPG 格式
可以保存 Photoshop 的层、通道、路径等信息	可以，方便后续编辑	不可以
可否被 Microsoft office 支持	不可以	可以
文件大小	较大	较小

随堂练一练

请你按照步骤4和步骤5的操作方法，完成"华"字部件"十"，填充为"红色"。最后效果（如图 3 - 52），用三种不同颜色呈现"华"字的三个部件"亻""七"和"十"。

图 3 - 52　"华"字部件

（二）设计描红字

以"你"字为例，处理操作步骤如下：

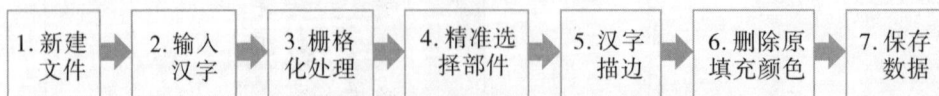

1. 新建文件 → 2. 输入汉字 → 3. 栅格化处理 → 4. 精准选择部件 → 5. 汉字描边 → 6. 删除原填充颜色 → 7. 保存数据

图 3 - 53　描红字设计图像化处理基本步骤

【步骤1】新建文档。启动 Photoshop，执行 文件 - 新建 （File - New）命令

（如图 3 - 54），在名称中输入汉字"你"，设置相同数值的"宽度（Width）"与"高度（Height）"，如 200 像素（pixels），单击 确定 （ OK ）按钮（如图 3 - 55）。

图 3 - 54 新建选项

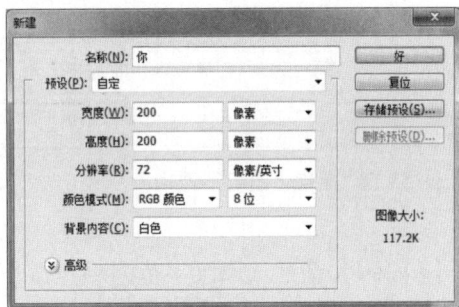

图 3 - 55 新建"华"字文档

【步骤 2】输入汉字。单击文字输入图标 T ，将字体定义为"楷体"，字号为"180"（如图 3 - 56），设置后将鼠标光标移到文档，输入"你"字（如图 3 - 57）。

图 3 - 56 设置字体及字号参数

图 3 - 57 "你"字

【步骤 3】栅格化图层（汉字所在图层）。选择"你"字所在图层（Layers），单击鼠标右键，选择"栅格化图层（Rasterize Type）"（如图 3 - 58，注意：栅格化图层后， T 你 变为 你 你 ，如图 3 - 59。

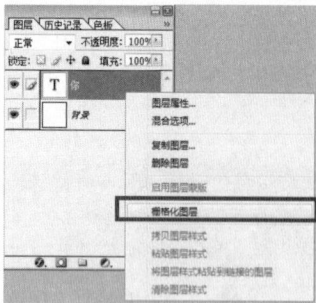

图 3-58 "栅格化图层"选项

图 3-59 栅格化前后的图层对比

【步骤4】精准选取汉字范围

用"套索"工具中的"多边形套索"工具 ，选中整个汉字（如图3-60），可用"移动工具" ，移动键盘的"→""←"键各一次，精准选取"你"字。

图 3-60 选中整个汉字

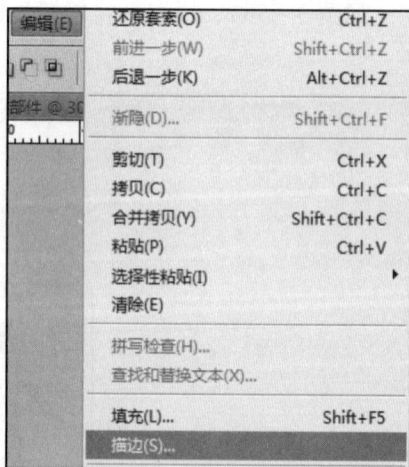

图 3-61 "描边"选项

【步骤5】描边

选择前景色为红色，执行 编辑 — 描边 （ Edit - Stroke ）命令（如图3-62）。在"描边（Stroke）"对话框中，设置好"宽度（Width）"值为1像素，位置为"居外"，单击 确定 （ OK ）按钮。描边效果如图3-63：

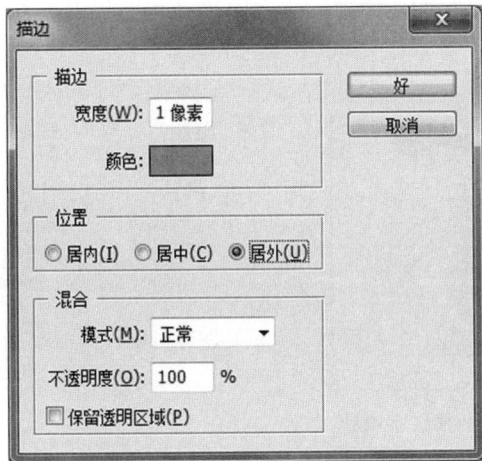

图 3 - 62 "描边"对话框

图 3 - 63 描边效果

【步骤6】删除已有的填充颜色，直接使用键盘"Detete"键删除黑色，得到结果，如图 3 - 64：

图 3 - 64 描红字最终效果

【步骤7】保存数据。方法同上，保存为 PSD 和 JPEG 格式。

随堂练一练

请你结合上节和本节方法，设计如下图的描红字（如图 3 - 65）。

图 3 - 65　汉字"你"描红字设计

（三）呈现汉字笔画顺序

以"汉"字为例，应用图像文字呈现"汉"字的书写顺序，如图 3 - 66：

图 3 - 66　"汉"字的书写顺序

操作步骤：

在制作过程中，我们可以由"汉"字第五划、第四划、第三划、第二划、第一划顺序进行。

第五划	第四划	第三划	第二划	第一划
汉	氵又	氵	丶丶	丶
文件"汉5.jpg"	文件"汉4.jpg"	文件"汉3.jpg"	文件"汉2.jpg"	文件"汉1.jpg"

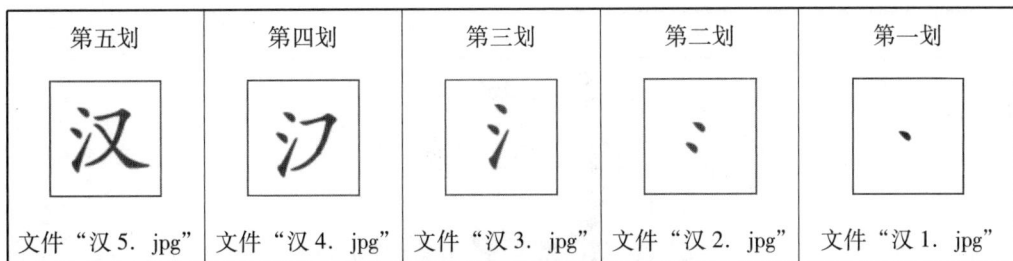

图3-67　"汉"字笔画的制作顺序

具体步骤如下：

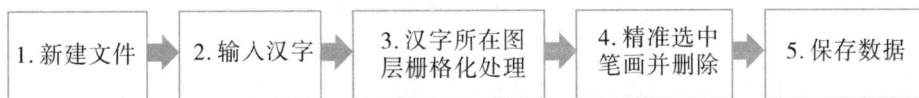

1.新建文件 → 2.输入汉字 → 3.汉字所在图层栅格化处理 → 4.精准选中笔画并删除 → 5.保存数据

图3-68　汉字笔顺数字化处理的流程

【步骤1】新建文档。启动 Photoshop，执行 文件—新建（ File – New ）命令（如图3-69），在名称中输入汉字"汉"，设置相同数值的"宽度（Width）"与"高度（Height）"，如200像素（pixels），单击 确定 （ OK ）按钮（如图3-70）。

图3-69　新建按钮界面

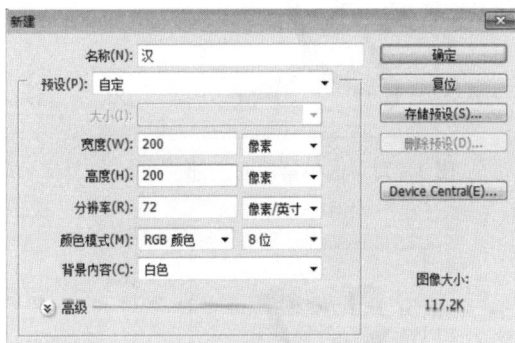

图3-70　新建窗口界面

【步骤2】输入汉字。单击文字输入图标 T ，将字体定义为"楷体"，字号为"180"（如图3-71），设置后将鼠标光标移到文档，输入"汉"字（如图3-72），此即为"汉"字的第五画。

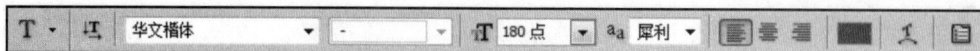

图 3 – 71　文本设置界面

图 3 – 72　　"汉"字输入效果

【步骤 3】制作"汉"字第四画。把"汉"进行栅格化处理，单击多边形套索工具
，选中"汉"字第五画上半部（如图 3 – 73、3 – 74），单击移动工具按钮 ，
按任意键盘方向键，精准选中笔画，然后删除选中笔画即可（如图 3 – 75、3 – 76）。同
理，删除第五画下半部。

图 3 – 73　选中第四画上部

图 3 – 74　精准选中第四画上部

图 3 – 75　删除第五画上部

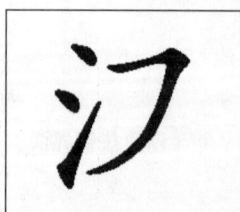

图 3 – 76　删除第五画下部

【步骤 4】同理，依次制作汉字第三画，第二画，第一画（如图 3 – 77、3 – 78、3 – 79）：

图3-77　汉字第三画效果图　　图3-78　汉字第二画效果图　　图3-79　汉字第一画效果

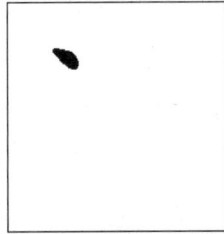

随堂练一练

根据这节课所学习的内容，设计制作呈现汉字"华"的笔画顺序。

（四）设计错字

汉字可以说是华语教学中最难的内容之一，尤其是对于欧美非汉字文化圈地区的华语学习者，在写汉字的时候会犯各种各样的错误，比如多笔画，少笔画、写错字等。

（1）易漏笔画的字，如"冒"。

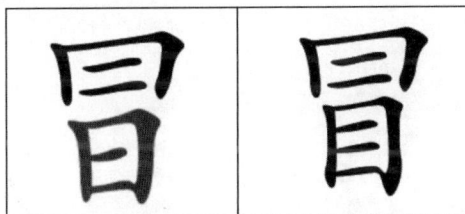

（错误）　　　　（正确）

图3-80　汉字"冒"的错误和正确写法

（2）易加笔画的字，如"祝"。

（错误）　　　　（正确）

图3-81　汉字"祝"的错误和正确写法

（3）错误部件的字，如"贵"。

（错误）　　　　　（正确）

图3-82　汉字"贵"的错误和正确写法

如何直观呈现错字，我们以"贵"字为例，处理步骤如下：

【步骤1】新建文档。启动 Photoshop，执行 文件 — 新建 （ File - New ）命令（如图3-83），在名称中输入汉字"贵"，设置相同数值的"宽度（Width）"与"高度（Height）"，如200像素（pixels），单击 确定 （ OK ）按钮（如图3-84）。

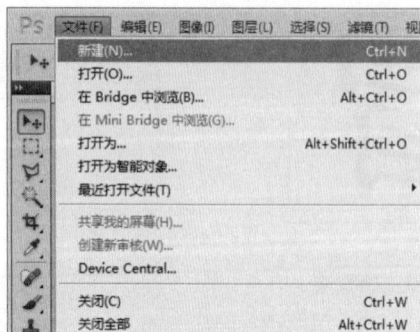

图3-83　新建按钮界面

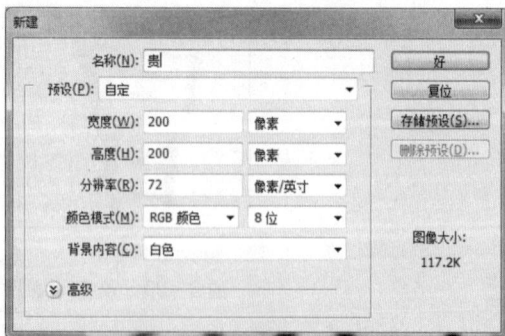

图3-84　新建窗口界面

【步骤2】输入汉字。单击文字输入图标 T ，将字体定义为"楷体"，字号为"180"（如图3-85），设置后将鼠标光标移到文档，输入"贵"字（如图3-86）。

图3-85　文本设置界面

图 3-86　"贵"字输入效果

【步骤3】删除"贵"字中的"贝"。

栅格化图层（"贵"所在图层）。单击多边形套索工具，选中"贵"字下半部分"贝"，按下"Delete"删除。

【步骤4】选取"觉"字中的"见"。

输入汉字"觉"，字体为华文楷体，大小180点，红色。

栅格化图层（"觉"所在图层）。单击多边形套索工具，选中"觉"字上半部分，并按下"Delete"删除。

【步骤5】单击移动工具按钮，调整部件。

【步骤6】保存文件为PSD或JPG格式。

"贵"字错字设计效果如图3-87：

图 3-87　汉字"贵"的错字设计

随堂练一练

根据这小节所学内容，设计"冒"错字。

汉字教学是华文教学中的难点之一。汉字作为音、形、义的统一体，字形是汉字教学的重点和难点。根据图像化文字的特点，利用 Adobe Photoshop 等图像处理软件的各种功能，可以对汉字的字形进行图像化处理，比如呈现汉字部件、设计描红字、呈现汉字的笔画顺序以及设计错字等。图像化的汉字可以使汉字教学更加生动直观，也让学习者在汉字学习的过程中减轻认知负荷，体验更多的学习乐趣。

【思考与练习】

以《中文》第二册第五课《买东西》中（教材下载网址：http：//www．hwjyw．com）的生字为例：

1. 运用 Photoshop 软件，选取其中的一个生字，把部首设计成红色，并将文件保存为 PSD 格式和 JPEG 格式。

2. 运用 Photoshop 软件，选取其中的一个生字，设计为描红字，并将文件保存为 PSD 格式和 JPEG 格式。

3. 选取其中的一个生字，设计该字的笔顺动画。

4. 选择这一课中的你认为容易出错的汉字，运用 Photoshop 软件进行错字设计，并将文件保存为 PSD 格式和 JPEG 格式。

3.6　图解词义的处理方法及应用示例

【学习目标】

1．掌握图解词义的基本方法。

2．了解图像的基础属性。

3．掌握黑白图像色彩、数量、方向和位置的处理方法及其应用。

导入

在华文词汇教学中，图像作为一种释义的手段，可以直接作用于视觉感官，激活学生的想象思维，建立目的语词汇与具体事物或概念间的直接联系，让词义的解释更加直观有趣。接下来，与大家分享图解词义处理方法。

3.6.1　处理方法

（一）图解词义的基本方法

（1）列举下位方法（如水果：菠萝、草莓、葡萄等多种水果的集合）。

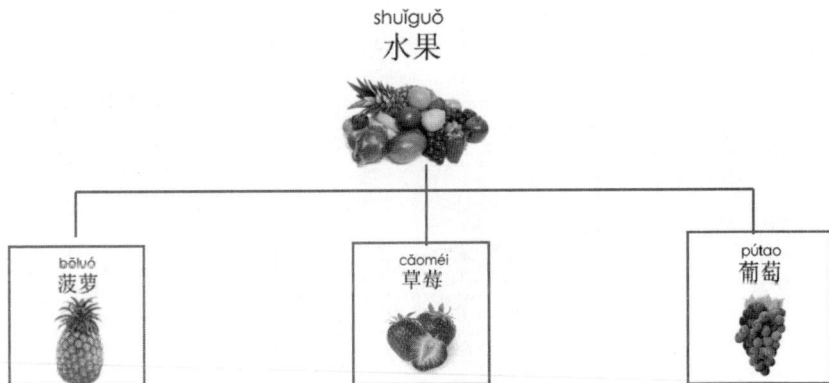

图 3-88　列举下位方法示例

（2）图表方法（如亲属称谓，用树形分支图展现家族中各亲属关系及其称谓）。

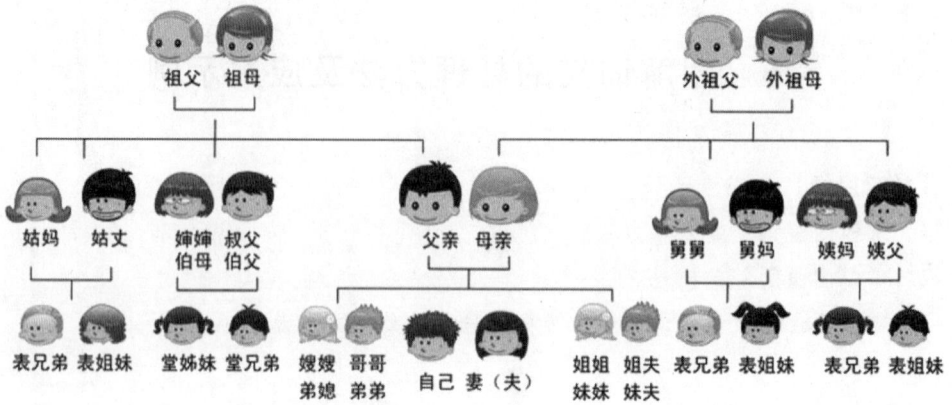

图 3 - 89　图表方法示例

（3）符号方法（如残疾人、饮食、购物等）。

图 3 - 90　符号方法示例

（4）概念图方法（如动物、动物名称、颜色、特征等）。

图 3 - 91　概念图方法示例

（5）象征方法（如钟表象征时间、温度计象征温度）。

图 3 - 92　象征方法示例

（6）对比方法（如高矮胖瘦等）。

图 3 - 93　对比方法示例

（7）场景方法（如设置厨房情景，介绍与厨房相关的词汇）。

图 3 - 94　场景方法示例

（二）图像基本属性

（1）图像的大小（File Size）。图像文件的大小决定了图像文件所需的磁盘存储空间。

（2）颜色模式（Color Model），是将某种颜色表现为数字形式的模型，或者说是一种记录图像颜色的方式。分为：RGB 模式、灰度模式、CMYK 模式等。

（3）图像的分辨率（Image resolution）。图像的分辨率是指单位打印长度上的图像像素的数目，表示图像数字信息的数量或密度，它决定了图像的清晰程度。

3.6.2　应用示范——黑白图的色彩处理、图解量词和方向词

（一）黑白图的色彩处理

在词汇教学中，图像通过刺激视觉感官，帮助理解记忆。因此，图片本身应具有较好的色彩度和清晰度。掌握图像填色的方法，可以让我们对所需的图像素材进行加工，使之达到理想效果。

处理步骤

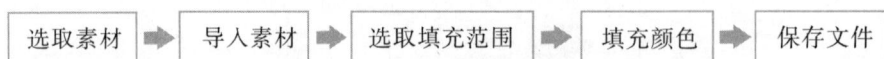

图 3-95　图像填色基本步骤

【例】以"五彩鱼"图片为例，将一张黑白的图片按需要填色为"五彩鱼"。

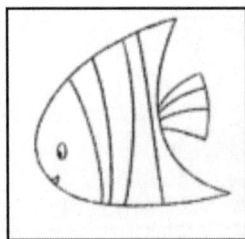

图 3-96　黑白色　　　　　　　　　　　　图 3-97　彩色

【步骤 1】导入素材。打开 Adobe Photoshop 软件，在文件下拉菜单中，点击 打开 （ Open ）（如图 3-98），导入"小鱼"的图像，效果如图 3-99。

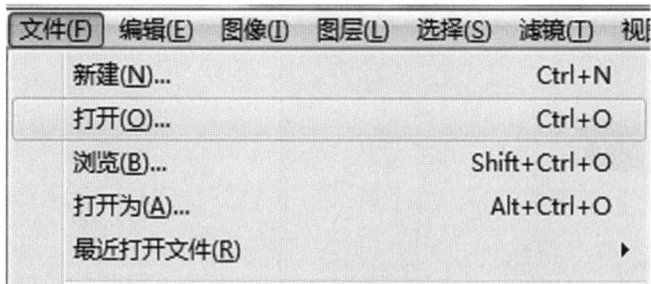

图 3-98 打开菜单

图 3-99 导入素材

【步骤2】选取填色范围。选择左侧工具栏中的魔术棒工具 ，如图 3-100。使用魔术棒工具在"小鱼"图像上点击需要填色的区域，如①区域，点击后会看到闭合的曲线，如图 3-101。

注：如果找不到魔术棒工具，可将鼠标移至某一工具上方，按住鼠标左键，隐藏的工具会自动显现；如果魔术棒工具没有完全选中想要填充的区域，可按住键盘 Shift 键，鼠标继续在"小鱼"上用魔术棒工具进行加选；如果选择的部分过多，则按住 Alt 键进行减选。

图 3-100 魔术棒工具

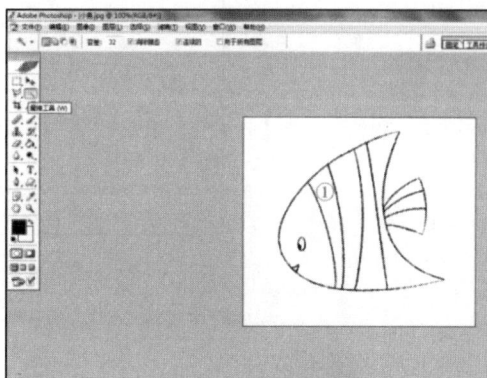

图 3-101 选取填充范围

【步骤3】填充单色。

（1）选前景色。在色板（Swatches）中选择颜色，如图 3-102 黄橙色。

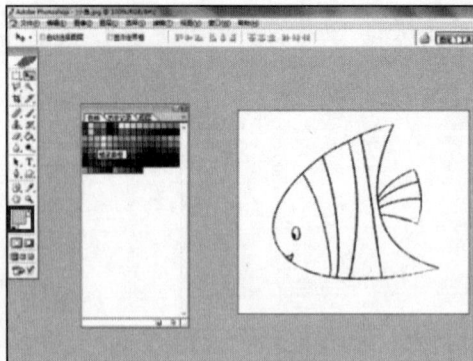

图 3 - 102　选前景色

（2）选择左侧工具栏中的油漆桶工具 ，点击魔术棒选中的区域①，完成颜色的填充（如图 3 - 103）。

注：如果找不到色板工具，则单击窗口，在下拉框中找到色板，单击，使其呈现√色板状态。

图 3 - 103　填充单色效果图

【步骤4】填充渐变色。

（1）魔术棒选中填充区域。

（2）色板选中渐变颜色，如浅蓝。

（3）左侧工具栏中选择渐变工具 （如图 3 - 104），鼠标移至渐变区域，由上到下拖动鼠标，至合适位置松开鼠标（如图 3 - 105），完成渐变颜色的填充（如图 3 - 106）。

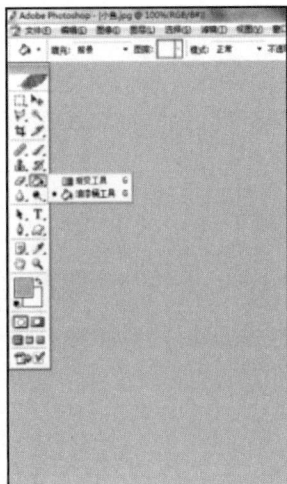

| 图 3 – 104　渐变工具图 | 图 3 – 105　填充渐变色图 | 图 3 – 106　渐变色填充效果 |

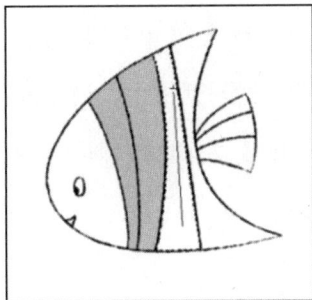

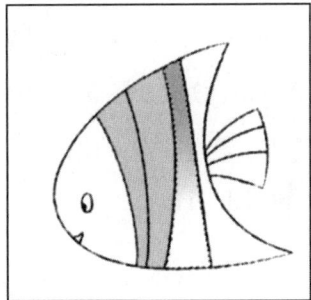

【步骤5】保存文件。执行 文件 — 存储 （ File – Save ）命令，选择保存为 JPEG 格式，单击保存按钮。

（二）图解数量词

数量短语由数词加量词构成，是汉藏语系特有的一种结构。利用图像讲解数量词，可简单直观地呈现出数量的变化，数量的分布等。

【例】以数量一、三为例，运用"小鸟"图片，表示本来有一只小鸟，后来又来了三只不同大小的小鸟（如图 3 – 107 和图 3 – 108）。

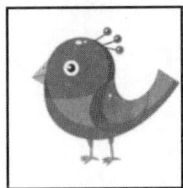

| 图 3 – 107　一只小鸟 | 图 3 – 108　三只小鸟 |

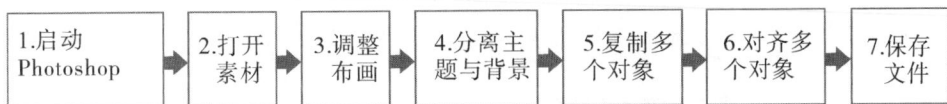

图 3 – 109　图解量词词义基本步骤

处理步骤：

【步骤1】启动 Adobe Photoshop 软件

【步骤2】导入素材。在文件下拉菜单中，点击 打开 （ Open ），导入"小鸟"的图像。

【步骤3】改变图像画布大小。点击菜单栏中 图像 – 画布大小 （ Image – Canvas Size ）（如图 3 – 110），在弹出的对话框中，设置画布大小为：宽度 900 像素，高度 282 像素，在定位栏中，选择中间最左侧的方框，点击 确定 （ OK ）（如图 3 – 111 和图 3 – 112）。

图 3 – 110　打开画布工具

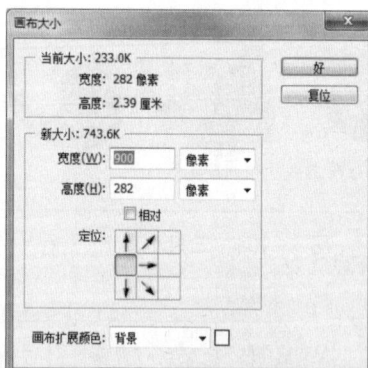

图 3 – 111　设置画布大小图

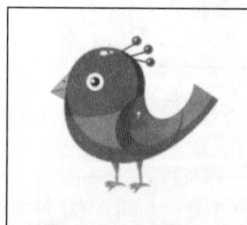

图 3 – 112　改变画布大小效果图

【步骤 4】分离主题与背景。

（1）选择左侧工具栏中的魔术棒工具，使用魔术棒工具在"小鸟"图像上点击空白区域，会看到闭合的曲线（如图 3－113）。

图 3－113　魔术棒选择空白区域

（2）点击菜单栏中的 选择 — 反选 （ Select － Inverse ）（即选择图像中空白区域的"反向"），这时，沿着小鸟图像（即主体对象）出现闭合曲线（如图 3－114）。

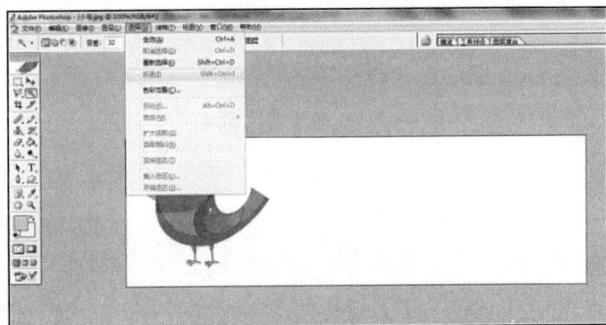

图 3－114　反选图像主体（小鸟）

（3）选择 编辑 （ Edit ），在下拉菜单栏中点击 剪切 （ Cut ）、 粘贴 （ Paste ），注意图层窗口中出现一新的图层。这样，主题与背景就分离出来。图层栏中出现了图层 2（如图 3－115）。

注意：删除背景层多余的部分。选中背景层，使用选择工具中的"矩形选择工具"，选中要删除的部分，按下键盘上的"Delete"键删除。

图3-115　主题（小鸟）与背景分离

【步骤5】复制多个对象。操作选择 编辑 （ Edit ） 菜单中的 粘贴 （ Paste ） 1次，就新建一个图层，也就多一只小鸟。因此，要出现三只小鸟，点 粘贴 即可（如图3-116）。

图3-116　复制多个对象

【步骤6】对齐多个对象。

点击图层面板，选择三只小鸟图层（如图3-117），并链接。选择 图层 （ Layer ），在下拉菜单栏中点击 对齐链接图层 （ Align link Layer ） 中的"顶对齐"。

【步骤7】保存文件。执行 文件 — 存储 （ File - Save ） 命令，将文件保存为 JPEG 格式，单击 保存 按钮。

（三）图解方向词

方位词是表示方向或位置的词，使用多个图像突

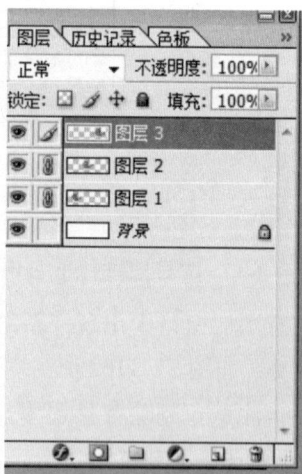

图3-117　同时选择多个对象层

出位置的对比，可以更简洁直观地展示方位词表示的词义。

【例】以"上面、下面"为例，使用苹果和桌子图像，组合展示词义。

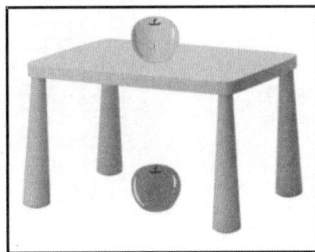

图 3 – 118　苹果、桌子　　　图 3 – 119　图像组合效果

图 3 – 120　图解方位基本步骤

处理步骤：

【步骤1】启动 Photoshop 软件。

【步骤2】导入素材。在文件下拉菜单中，点击 打开 （ Open ），打开"苹果"的图像。

【步骤3】分离主题与背景。

魔术棒选择主体对象，将主体对象与纯色背景分离。选择左侧工具栏中的魔术棒工具，使用魔术棒工具在"苹果"图像上点击白色部分，会看到闭合的曲线（如图 3 – 121）。再点击菜单栏中的选择，在下拉菜单栏中点击反向，这时，沿着苹果图像出现闭合曲线，选中"苹果"，点击菜单栏中的 编辑—拷贝 （ Edit - Copy ）。

图 3 – 121　魔术棒分离苹果图像与纯色背景

打开"桌子"的图像文件，再点击菜单栏中的 编辑—粘贴 （ Edit - Paste ），则图层栏中出现了图层 1，即"苹果"所在图层。再 粘贴 （ Edit - Paste ），第二个绿苹果 （ 如图 3 – 122）。

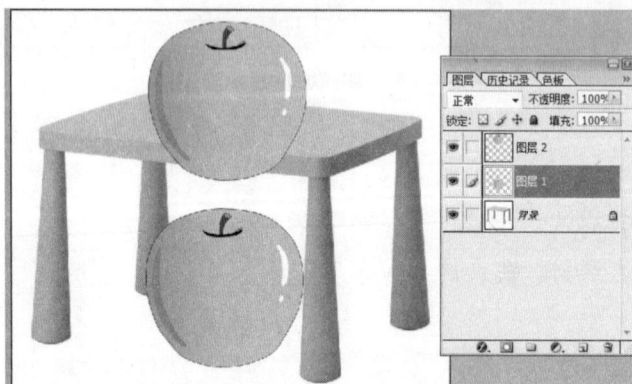

图 3 – 122　复制"苹果"到"桌子"文件中

【步骤 4】调整主体对象大小 。

调整苹果图像大小：选中图层 1，点击菜单栏中的 编辑—自由变换 （ Edit - Free Transform ）（如图 3 – 123），这时，复制的苹果图像周围出现具有 8 个角的边框（如图 3 – 124），按下 Shift 键，鼠标拖动四个角的控制点缩小苹果图片，缩小完毕后

单击移动工具 ，这时会弹出确认框，点击应用，便可完成自由变换。将苹果图像格式调整合适大小。

图 3 – 123　选择自由变换工具　　　　图 3 – 124　调整苹果图像大小

在左侧工具栏选择移动工具 ，拖动苹果图像至桌子"上面"（如图3 – 125）。

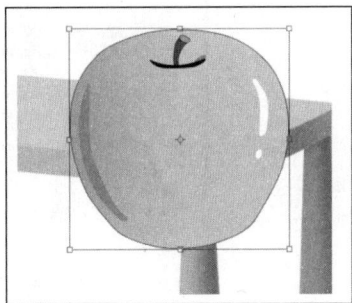

图 3 – 125　调整苹果图像位置

用相同的方法，选择第二个绿色苹果的图层，调整好大小位置。

【步骤5】改变"下面"苹果的颜色。

（1）选中位于"下面"的苹果图像所在图层 3，点击菜单栏 图像 — 调整 （Image – Adjustments），在下拉菜单栏中选择 色相/饱和度 （Hue/Saturation）（如图3 – 126）。

（2）调整"下面"苹果图像色相。在弹出"色相/饱和度"对话框中设置色相

（Hue）为"-80"，然后在对话框右侧点击好（如图 3 - 127），则苹果变为红色（如图 3 - 127）。

图 3 - 126　选择"色相/饱和度"

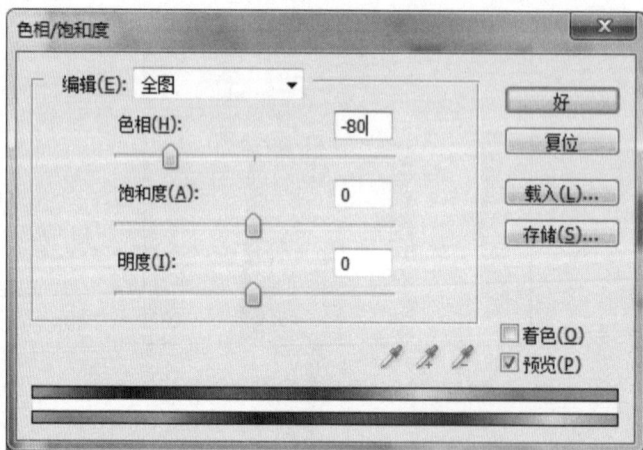

图 3 - 127　设置"色相/饱和度"

【步骤 6】保存文件。执行 文件—存储 （ File - Save ）命令，将文件保存为 JPEG 格式，单击 保存 。

词汇教学在华文教学中有着重要地位。这一小节我们介绍了图解词义的三种方法：图像填色、图解数量词、图解方位词。在过程中，我们知道图像素材的使用可以提高词汇教学效果，使用图像要在色彩上吸引学生的注意力，所以对图像色彩进行合理的设计，可以让使用效果达到最优化。图解数量词词义直接通过视觉的感知学习量词及其相关的搭配，是量词教学的有效方法。图解方位词可将一对反义词直观呈现出来，加上图像本身的吸引力，为华文教师的教学提供了很好的辅助作用。

【思考与练习】

1. 请利用 Photoshop，用红色、橙色、黄色、绿色、青色、蓝色、紫色七种颜色对彩虹进行填充，效果如下图：

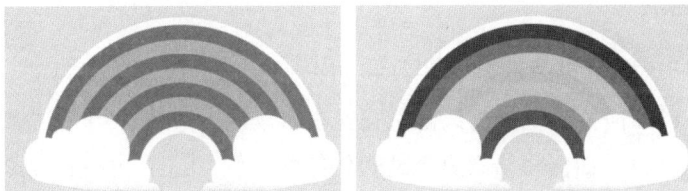

2. 请利用 Photoshop，设计"左边"和"右边"的图像，效果如下图：

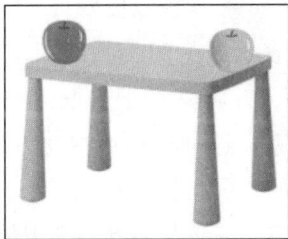

3.7 汉语知识可视化的处理方法及应用示例

【学习目标】

1. 掌握汉语知识可视化的基本方法。
2. 了解可视化的常用工具软件。

导入

由汉字"月",你可以关联到哪些汉字知识呢?词汇教学中,对于"文房四宝"这个词,你又可以如何拓展学生的词汇量呢?在口语课上进行,"自我介绍""打电话约会"等话题训练时,如何将语料直观地提供给学生呢?这节我们和大家一起将汉语知识直观、形象、准确地"可视"出来。

3.7.1 概念图及其应用示范

概念图是由美国康奈尔大学 Novak 教授以奥斯贝尔意义学习和同化理论为指导开发的一种用节点代表概念,连线表示概念间关系的图示法。我们以"文房四宝"为例,它通常把主要概念作为中心,并将其置于方框或圆圈中,用连接线引出相关概念,在连接线上标明概念间的关系。这种知识可视化方法最大的优点在于可以形象、直观、清晰地帮助学习者将已有的知识与新的知识联系起来,并在不断同化的过程中促使新知识越来越精细,从而构建并完善学习者的知识体系。

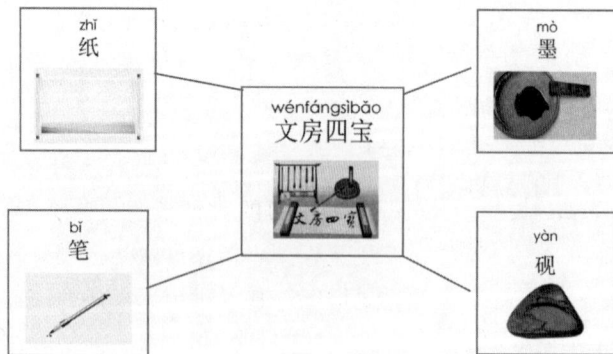

图 3-128 文房四宝

3.7.2　思维导图及其应用示范

思维导图是 Tony Buzan 创造的一种图像式思维工具，大多是以带顺序标号的树状结构来呈现思维过程，将放射性思考具体化。它注重图文并茂的技巧，不同于概念图的多个中央关键词，思维导图一般只用一个中央关键词以辐射线连接相关的文字或图像，把主题关键词与图像、文字等建立记忆链接。

以"月"字为中央关键词，通过射线连接具有相同偏旁的"肚""胃""脸"等汉字，再以引申出的汉字为关键词，射线连接具有相同偏旁的汉字，如"肚"字连接"灶"（如图 3 - 129）。

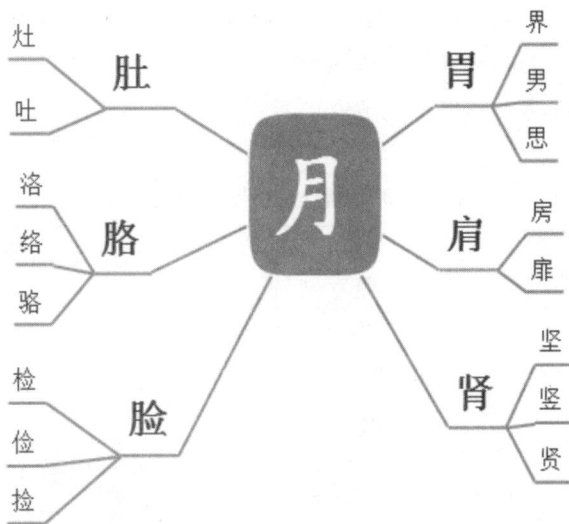

图 3 - 129　"月"字联想思维导图

3.7.3　思维地图及其应用示范

思维地图是由 David Hyerle 开发的帮助学习的 8 种视觉表征类型，它们分别是：起泡图、圆圈图、双起泡图、流程图、复流程图、树形图、括弧图和桥接图，这 8 种图都是以比较、对比、排序、归类和因果推理等基本认知为基础的。

八种思维地图的功用各不相同：

表 3 - 09　思维地图分类及功能

思维地图分类	功用
起泡图	主要是使用形容词或形容词短语来描述物体
圆圈图	主要是通过提供相关信息来展示与一个主题相关的知识
双起泡图	主要用来进行对比和比较
流程图	主要用来列举顺序、时间过程和步骤
复流程图	用来展示和分析因果关系
树形图	主要用来对事物进行分组或分类
括弧图	用于分析、理解事物整体与部分之间的关系
桥接图	主要用来类比和类推

与木匠使用多种工具制造不同物品类似，学生在习得语言知识时使用不同的思维地图，可以从不同角度习得相同知识，或者从相同角度习得不同知识，从而以直观形象的方式进行表达和思考。

表 3 - 10　思维地图示例及功能

方法	功用	示例
起泡图	主要是使用形容词或者形容词短语来描述主题。如右图：位于中间的圆圈"性格"是主题，而位于外围的 6 个圆圈"活泼可爱""心地善良"等形容词都是用来形容"性格"这个主题的。	
圆圈图	主要是通过提供相关信息来展示与一个主题相关的知识。如右图：内圈中的"自我介绍"是主题，外圈的"王媛媛、女生、爱唱歌"等，分别是关于主题"自我介绍"的姓名、性别、爱好等。	

（续上表）

方法	功用	示例
双起泡图	主要用来进行对比和比较。如右图："姨妈"和"姑父"作为主题连接其他"起泡"，其中"称谓词"和"亲属"是两者的共同点，而"母系"和"女性"是"姨妈"的独有特征，"父系"和"男性"是"姑父的独有特征"。	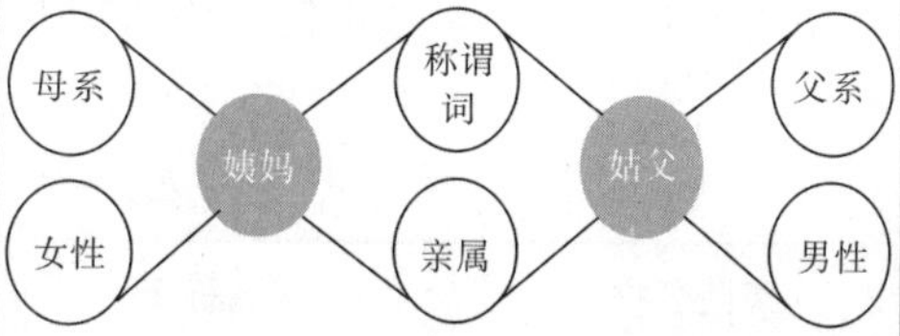 母系　称谓词　父系　女性　姨妈　姑父　男性　亲属
流程图	主要用来列举顺序、时间过程和步骤等。如右图：介绍的是中国人打电话约会的一般流程。先问候，再是约会内容，最后是告别，下面对应的还会分别介绍每个流程的内容。	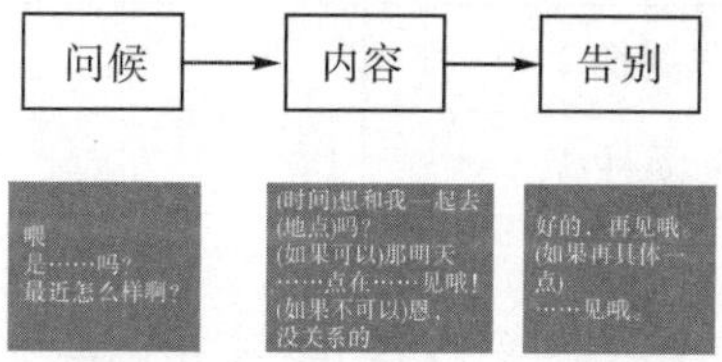 问候 → 内容 → 告别
复流程图	常用来展示和分析因果关系。如右图：展示的是可能引起感冒的原因和感冒以后的症状。	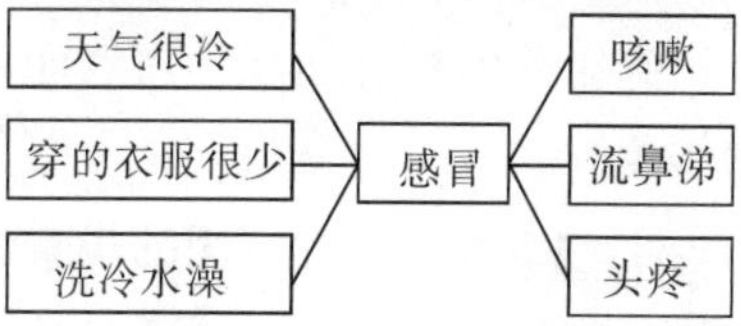 天气很冷　穿的衣服很少　洗冷水澡　感冒　咳嗽　流鼻涕　头疼
树形图	就是像树的形状的图，主要用来对事物进行分组和分类。如右图：主要是总结已经学过的动物，最近学习了两种动物，猫科动物和鸟类，猫科动物有"豹子""老虎""狮子""猫"，鸟类有"鸡""鸭子""鹅""天鹅"。	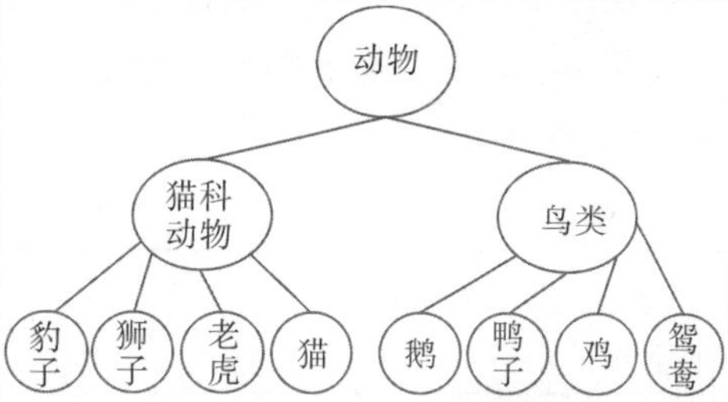 动物　猫科动物　鸟类　豹子　狮子　老虎　猫　鹅　鸭子　鸡　鸳鸯
括弧图	主要用于分析理解事物整体与部分之间的关系。如右图：表示的是词类的分类，词类可以分为实词和虚词，实词又可以分为名动形等，虚词又可以分为介连副等。	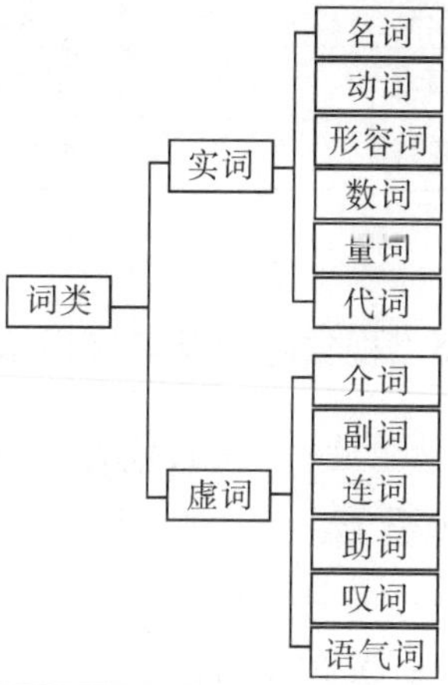 词类　实词（名词、动词、形容词、数词、量词、代词）　虚词（介词、副词、连词、助词、叹词、语气词）

3.7.4 矩阵图及其应用示范

矩阵图是一个包含文本的纵横坐标的框架。它的基本结构为：

表 3 – 11 矩阵图结构

属性名称	名称 1	名称 2	名称 N
属性 1			
属性 2			
属性 N			

矩阵框架通过纵向梳理和横向比较信息，将各种要素之间的关系明确地显示出来，以达到精简内容、加深学习者印象的效果，又可以消除混淆，减轻学习者的记忆负担的作用。

如表 3 – 12 所示，可应用的场景为：课堂上同学们做简单的自我介绍，或者是总结文章段落中的人物特点，或者是根据图表所展示的人物特点进行扩充描述练习。特点是：简单、直白，易于理解和记忆。

表 3 – 12 矩阵图示例

人物　　　属性名称	玛丽	杰瑞	苏珊
性别	女	男	女
国家	美国	英国	法国
爱好	游泳、跑步	画画、唱歌	书法、剪纸

3.7.5 视觉隐喻及其应用示范

视觉隐喻是一种通过代表项和喻指对象相似性与关联性的发现或创造来进行视觉表征的图解手段[1]。通过视觉隐喻，设计者可以将抽象汉语知识具象化，并把具象化

---

[1] 陈燕燕. 知识可视化中视觉隐喻及其思维方法 [J]. 现代教育技术, 2012, 6 (22)：18.

的知识简单化，从而增强学习者理解和记忆能力。

第一个用轮椅隐喻"残疾人"，第二个用饮料和汉堡象征"快餐店"，而第三个则用超市购物车表示"超市"（如图3-130）。

图3-130　视觉隐喻示例图

3.7.6　图像及其应用示范

图像处理方法是汉语知识可视化常用的方法之一。在语言教学中，图像对表达词义、词语搭配和词汇联想训练有重要作用，同时，图像还可以帮助营造教学需要的语言环境，以及将所要传达的知识信息生动直观地呈现在学习者的面前，使得知识点更容易理解、记忆和重温。

图3-131　二胡示意图

图3-132　时间示意图

3.7.7　知识可视化常用软件和工具

（一）Inspiration 软件

网址：http://www.inspiration.com/。

Inspiration 由美国 Inspiration 公司推出，有 Inspiration 和 Kid Inspiration（用于幼儿）两个系列，其用途主要在于帮助组织和管理知识概念，并能帮助学习者对汉语知识进行联想式的学习。目前最高版本是 Inspiration 6，界面简单，操作直观，容易上手。打开 Inspiration 界面，出现的就是图表界面，在其中，系统已经给出一个可以直接输入主概念的默认图标，它是整个操作图的中心概念，围绕它使用者可以直接用鼠标将左侧图库中的图标拖入图中进行操作。

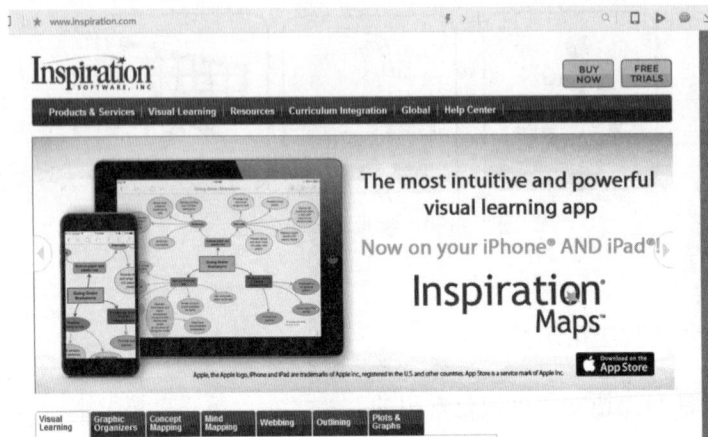

图 3 – 133　Inspiration 网页界面

（二）MindManager 软件

网址：https://www.mindjet.com/。

MindManager 是德国编写的一款比较专业的优秀思维导图软件，该软件可以插入各种格式的图片、超链接、注释、子概念等，可以和 Powerpoint、Word、网页、PDF 文件等进行直接转换。

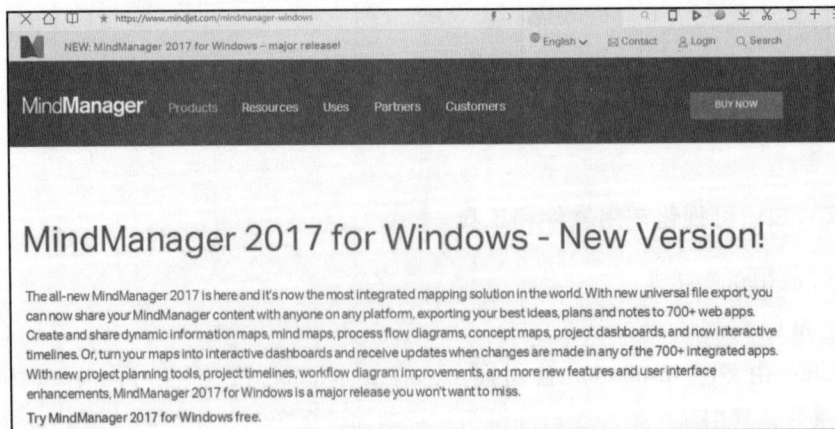

图 3 – 134　MindManager 软件界面

（三）Microsoft Office Visio 软件

网址：https://products.office.com/zh-cn/visio/flowchart-software。

Microsoft Office Visio 软件主要用途是对系统的复杂的知识用流程图表的形式展示出来。借助 Visio，我们可以帮助学习者对汉语知识进行有序的梳理，辅助学习者更有效更直观地理解汉语知识。

图 3 – 135　Microsoft Office Visio **软件界面**

（四）Microsoft Word 软件

网址：https://www.microsoft.com/zh-cn。

Microsoft Word 中的"形状"和"Smartart"包含基本形状、列表、流程和层次结构等，可以用于知识可视化设计。利用它，我们可以简单方便地对汉语知识进行可视化处理。

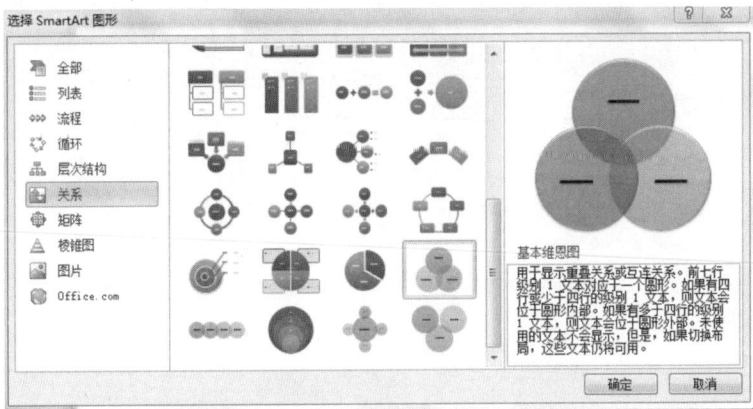

图 3 – 136　Microsoft Word **软件"形状"和"Smartart"界面**

（五）Photoshop 软件

网址：http://www.photoshop.com/。

Photoshop 简称"PS"，我们在前面的学习中已运用该软件进行了汉字图像化和图解词义等的处理。

以可视化的形式直观地、清晰地将汉语知识展示给学生，可以使知识更加生动。在本节中，我们介绍了多种可视化的形式。概念图可以帮助学生将已有的知识和新知识建立起联系；思维导图则以一个关键词为中心，发散思维，引出与关键词相关的知识；思维地图以固有的逻辑为内核，建立起一个有系统的知识体系；矩阵图将一系列的信息按一定维度进行有序的比较；视觉隐喻则把汉语知识具体化、表征化。这些可视化的形式，能够被应用在不同的汉语教学情境。最后，本节还介绍了常用的知识可视化软件和工具，借助这些工具，我们可以制作不同的可视化素材，更好地辅助汉语教学。

【思考与练习】

1. 请联系实际，对比分析概念图、思维导图、思维地图、矩阵图和视觉隐喻等汉语知识可视化形式的特点和优势。

2. 根据本课所学习的内容，请选取《中文》教材第二册中任意一课内容，选取合适的表现形式，进行汉语知识可视化的应用。

4 华文课件的设计与制作

4.1 华文课件概述

【学习目标】
1. 理解华文课件概念、特点和分类。
2. 掌握华文课件的设计原则、要素和流程。

导入

华文教学课件是实现数字化华文教学的重要资源。按教学需要，如何将多媒体华文教学素材有机集成，设计趣味性和交互性强的演示型课件、练习型课件和游戏型课件呢？

4.1.1 概念、特点与分类

（一）概念
课件是根据教学目标和教学内容设计，反映一定教学策略，突出教学重点和难点，利用文本、图像、音频、视频、动画等多媒体技术，具有人机交互功能的教学软件。

（二）特点
（1）多媒体化。华文教学课件利用文本、图像、音频、视频和动画等多种媒体表征汉语知识，实现知识的可视化和多通道人机交互。如汉字的部件可以用图像文字表征，汉字的读音可以用音频表征，汉字笔顺可以用动画表征。

图 4 - 01　多媒体化

（2）交互性。华文教学课件结合人机交互即时反馈的特点，通过视觉、听觉、触觉等自然交互，实现学习者与学习内容、学习者与学习者以及学习者与教师之间的深层次多向交互。如词汇教学课件中的文本、图像和动画可以表征词义，音频和视频可以表征读音，多点触控技术实现词汇书写，创设游戏化环境等，学习者与学习内容即时交互，同时学习者与学习者以及学习者与教师之间还可即时交流与互动。

在华文学习中"练习"的重要性是显而易见的。交互式练习是促使学生积极学习与参考的重要部分，信息技术的发展实现了对学习者的即时反馈，现在的交互式练习正在向更高级的形态演化，如多媒体课件、游戏化学习、虚拟情景、自动问答等，为学习者深入学习提供了技术支撑。

（3）非线性。课件采用超链接的方式组织信息，表现为非线性的网状知识结构，用户可以通过不同路径获取学习内容。如语法教学课件，学习者对语法知识点的获取可以在课文中，也可以在对应生词中，或者在单元总结中。

（三）分类

课件按教学功能可以分为以下三种：

（1）演示型课件。演示型课件即主要是用于课堂教学，通过形象直观的文本、图像、音频、动画、视频等多媒体形式向学生呈现教学内容。以汉字教学为例，教师通过图像展示象形字、指示字和会意字的演变过程，向学生讲述汉字的历史，便于学生理解和记忆字形字义。

（2）练习型课件。练习型课件具有信息容量大、图文并茂、多种媒体表征等特点，可以向学生提供多样化的练习。以词汇练习为例，有选词填空、修改病句、词语搭配、词语分类、词语造句等多样的练习形式，帮助学生进行多方面的反复的练习。随着移动网络的普及和应用，练习型课件还可以为学习者提供多种有趣高效的练习途径。

（3）游戏型课件。游戏型课件具有趣味性高、目标性强、反馈及时等优势，在游戏策略和人机交互技术下，构建有趣的游戏学习环境指导语言学习，帮助学生进入游戏角色，生动有趣的游戏化学习有利于高效完成学习任务。

4.1.2 设计原则

课件不应是教材的复制，而要经过精心的教学设计，将教学内容生动、形象地呈现在学生面前。因此，进行有效的华文教学课件设计，应遵循一定的原则。

（1）准确性。多媒体华文课件集文本、图像、音频、动画、视频等多种媒体形式于一体，知识表征丰富，能调动学习者的多种感官，引起学习者的兴趣和注意。因此，每一个知识点的内容展示和表征形式都应准确规范。例如，发音要准确，汉字笔画笔顺要规范，词语解释要科学，语法知识要适合学习者水平。

（2）简洁性。内容展示要简洁明了，使学习者能对教学内容一目了然；重难点要突出，不能简单照搬课本知识，将知识重组以突出重点，可使学习者快速抓住知识要点或帮助学生学习知识难点。如下图中的"中间"的用法比较。

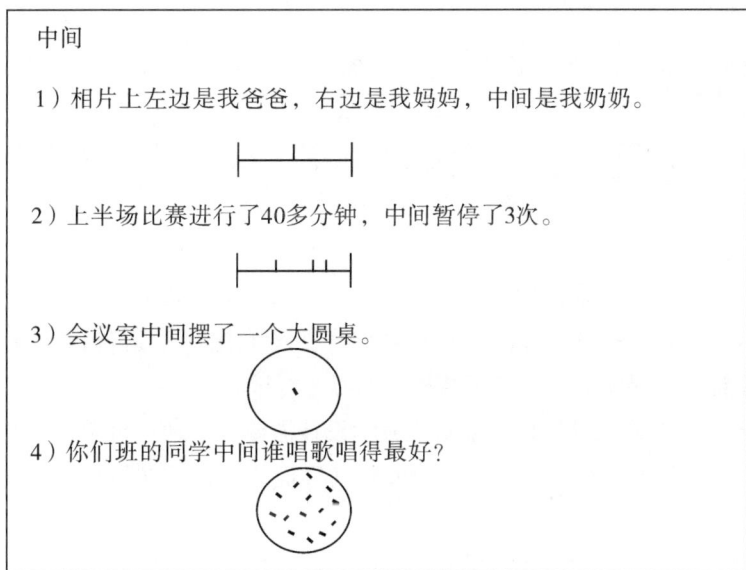

图 4-02　虚词"中间"用法比较①

（3）适度性。课件设计应把握适度性，避免信息量过大或过小。信息量过大，会

①　彭小川的"虚词"讲义。

使学习者认知负荷过重，产生疲累感；信息量过小，会影响教学效果。适量信息和知识可视化呈现，可使学生快速提取关键信息，帮助学生内化知识要点。

（4）交互性。人机交互技术，是建立课件与学生、课件与教师交互的"通道"。人机交互不仅可以按教学需要控制信息，更重要的是可以合理有层次地展现知识，如词汇教学中的音、形、义之间的呈现顺序。

（5）易操作性。多媒体课件交互功能强大，但是华文教学课件的交互设计应具有易操作性。交互功能繁杂，会加重操作负担，影响教学效果。选择恰当的功能，设计较简便的操作和友好的交互，便于教学活动的正常开展。

4.1.3　设计要素及流程

华文教学课件设计的要素主要包括：教学设计、系统设计、素材准备、多媒体集成、测试。华文教学首先要了解课程标准要求和教学对象的特点，再进行教学设计，并科学合理地应用计算机界面、人机交互、导航进行系统设计，然后根据教学需要准备素材，把素材进行多媒体集成，最后把做成的课件拿到教学中去检验测试。

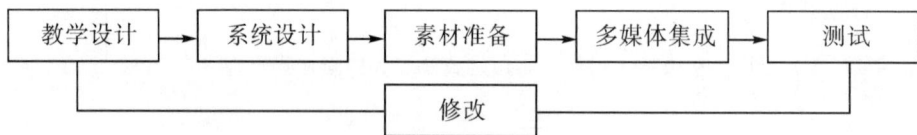

图 4 - 03　课件设计要素

（1）教学设计。教学设计指的是根据课程标准的要求和教学对象的特点，将教学要素与媒体合理结合，并设计合适教学方案的设想和计划。一般包括教学目标和教学内容、学习者特点、媒体信息、知识结构及练习与测试。

（2）系统设计。系统设计指的是结合教学设计需要，合理、科学地应用计算机的界面、人机交互、导航进行系统设计。一般包括界面设计、导航设计、媒体组合设计与人际交互设计。

（3）素材准备。课件的素材准备指的是结合教学需要，利用多媒体的文本、音频、图像、动画、视频等处理技术，对语音、汉字、词汇、语法等知识要素进行素材设计与制作，如在前面学习过的汉语拼音标注、汉字图像化处理、图解词义、汉语知识可视化处理等。

（4）多媒体集成。多媒体集成指的是根据教学目标和内容的需求，在合理的教学策略和组织下，运用人机交互技术、超媒体链接技术把各种素材通过多媒体集成技术有机地组合起来，形成合理、科学的课件。常用的课件制作软件有 Microsoft Power-Point、Authorware、Flash 等。

（5）测试。课件经测试后进行修改完善。

在这节中，我们学习了华文教学课件的设计要素和流程，详细分析了华文教学课件的要素，包括教学设计、系统设计、素材准备、集成、测试等。通过具体的操作，相信你能够设计出更专业的教学课件，使华文教学更加高效。

【思考与练习】

1. 按照华文教学课件的设计要素和流程，选择一种或几种课件类型，进行华文教学课件的设计。

2. 想一想：语音、汉字、词汇、语法教学课件中分别运用哪一种或几种多媒体形式比较好呢？

4.2 华文课件的教学设计

【学习目标】

1．理解课件教学设计的概念。

2．掌握华文课件的要素和流程。

3．可以根据实际的教学内容进行课件的教学设计。

导入

一个精彩的华文教学课件，必须要有一个精心的教学设计。课件必须符合教学目标、学科规律、学生认知水平和媒体特点。华文课件的教学设计包括哪些环节？

4.2.1 什么是课件的教学设计

课件的教学设计一般包括分析教学目标和内容、分析学习者特点、选择媒体、分析知识结构及设计练习五个环节。

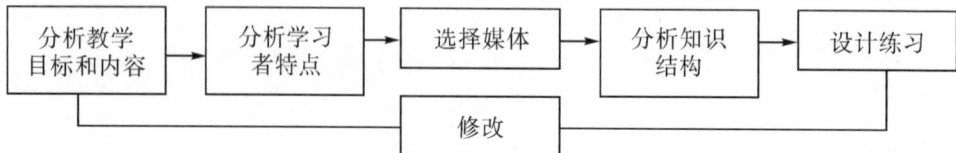

图 4-04 教学设计的五个维度

4.2.2 分析教学目标和内容

华文教学课件的教学设计首先要对教学目标和教学内容分别进行分析与描述。描述教学目标，即对教学活动预期须达到的知识、技能和情感目标进行描述。

分析教学内容，即明确课程内容的重难点，找出传统华文教学方法不能解决教学重难点的原因，并探讨如何应用课件更好地来解决课程内容的重难点。

4.2.3 分析学习者

有效的教学设计要满足学生的学习需求，包括分析学习者的学习动机、学习风格、文化背景和原有华文水平和母语情况等。

教师在设计教学媒体时，需考虑到学生的原有水平和不同文化的禁忌。不同母语环境下的学习者学习难点不同，教学设计中也须对这方面的问题加以关注。

4.2.4　选择媒体

教学媒体是传递教学信息的载体，不同的教学媒体有不同的功能和特点，应根据不同的教学目标和教学内容选择合适的媒体形式。

表 4 - 01　各媒体形式及其特点

媒体形式	媒体特点
文本	①教学内容呈现的常见方式，描述性强； ②易于获取，处理方便； ③方便突出教学重难点； ④可建立超级链接功能，使教学结构更立体。
图像	①直观形象； ②获取方式较便利，应用范围广泛； ③可建立超级链接功能，使教学结构更立体。
音频	①可重现； ②通过相关技术可实现文语转换； ③存储方便，格式多样。
动画	①调动多方感官，表现力强； ②动态呈现教学内容，直观性强； ③趣味性强。
视频	①调动多方感官，表现力强； ②客观真实呈现教学情景。

4.2.5　设计知识结构

设计知识结构是指根据知识点之间的关系进行结构的设计。知识结构通常可以分为并列结构、层次结构和网状结构。知识结构的设计要遵循知识内容之间的关联和体现华文教学的规律。

4.2.6　设计练习

练习设计主要分为三个部分：提问、作答和反馈。具体设计如下：

（1）提问设计。提问设计中我们应充分利用多媒体创设问题。

（2）作答设计。应充分应用计算机人机交互技术，如鼠标响应、键盘输入、语音输入、手写技术、触摸技术等来设计恰当且有趣的华文练习形式。

（3）反馈设计。反馈对练习作答提供结果反应，对正确表达进行强化或针对错误提供元认知信息等。反馈的设计主要包括反馈时机、反馈内容、反馈形式和反馈功能等几个方面，具体如下表：

表 4 – 02　反馈部分设计要素及设计要求

设计要素	设计要求
反馈时机	①及时反馈：对作答进行及时的肯定或改正； ②延时反馈：选择合适时机进行反馈。
反馈内容	①正反馈：对知识的掌握情况和问题的回答情况进行肯定； ②负反馈：纠正学习中的错误和学习认知中的偏差。
反馈形式	①文本；②图像；③音频；④视频；⑤动画。
反馈功能	①记录学习者的学习情况； ②激发学习者的学习激情； ③强化知识学习； ④促进学习策略的转变。

本小节学习了如何进行华文课件的教学设计，在把握好教学目标、教学内容和学习者之后，应选择适合的媒体形式，设计知识结构、练习与反馈。

【思考与练习】

1. 结合本小节内容，选取一个或多个华文教学知识点，进行华文课件的教学设计。

2. 请登录中国华文教育网（http://www.hwjyw.com）选取《中文》教材任意一册的任意一课，进行汉字或词汇模块的课件设计。

4.3　华文课件的系统设计

1. 理解华文课件系统设计的概念与内容。
2. 掌握界面设计的原则及其布局形式。
3. 掌握导航设计的原则及其常见形式。
4. 掌握媒体组合原则。
5. 掌握人机交互设计的原则及其常见方式。

导入

　　华文课件的系统设计是课件设计必不可少的组成部分，包括精简明了的界面、清晰的导航、合理的媒体组合和引人注目的人机交互。

4.3.1　课件的系统设计

　　系统设计指的是结合教学设计需要，合理、科学地应用计算机的界面、人机交互、导航进行系统设计，一般包括界面设计、导航设计、媒体组合设计与人机交互设计。

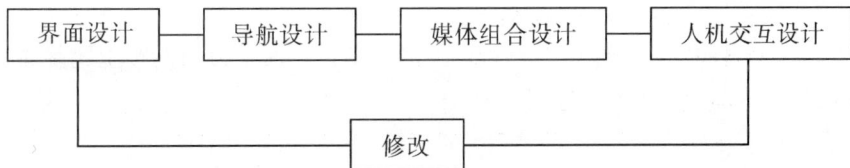

图 4-05　课件的系统设计

　　（一）界面设计

　　界面是人与计算机之间传递和交换信息的媒介，是用户和系统进行双向信息交互的支持软件、硬件以及方法的集合。

　　（二）导航设计

　　导航可以帮助学习者快速找到想要查找的信息，导航设计是课件系统设计中的"课件指针"。

（三）媒体组合设计

多媒体的形式有文本、图像、视频、动画，媒体组合可以让课件更加直观有趣。

（四）人机交互设计

人机交互即计算机与用户的交流互动，用户通过人机交互界面和系统进行交流，并进行操作。人机交互使得"一切都在可控中"。

4.3.2 界面设计

作为传递和交换信息的媒介，界面设计不仅要重视媒体对象的运用，还要重视媒体对象的排版布局。一般在界面设计上所要遵循的原则有：主体突出、画面均衡、既有变化又相互统一。在布局方面主要包括："三"字形、"右双列"、"左双列"、"厂"字形、"兀"字形几种格式。接下来，我们将通过案例为大家一一讲解。

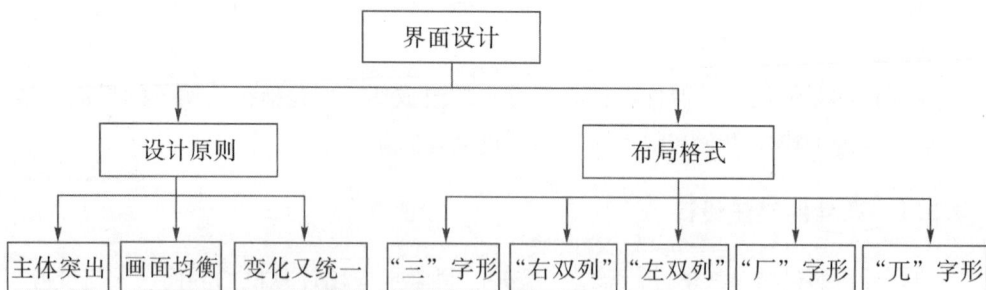

图 4 - 06　界面设计的原则和布局格式①

（一）设计原则

【案例】根据界面设计的原则，思考以下例子中：画面是否均衡？主题是否突出？界面是否一致？

例 1

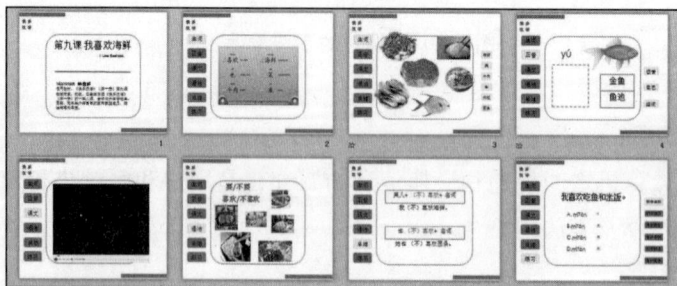

---

① 余胜泉. 教学资源的设计与开发. 北京：中央广播电视大学出版社，2011.

例2

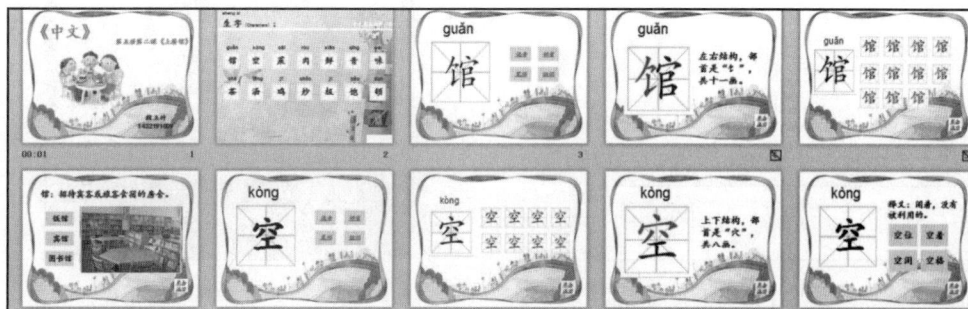

例3

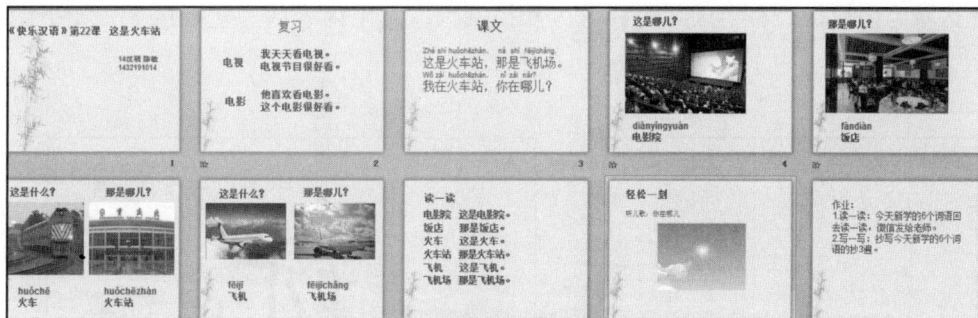

图4-07　界面设计系列案例

　　不难发现，上面案例中的界面设计明显不同，见表4-03：

表4-03　分析案例

示例	界面设计情况
例1	画面均衡、主题突出、界面一致
例2	界面一致，但背景太乱、画面不均衡、主题不突出
例3	画面不均衡、主题不突出、界面不一致

（二）界面布局常见形式

（1）"三"字形页面布局。"三"字形页面布局格式即页面分为三大区域：标题区、内容区和控制区，其中内容区为界面主要区域，三个区域以"三"字形呈现：

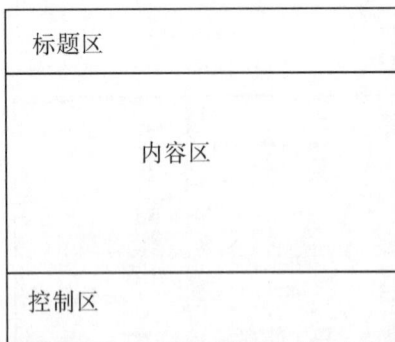

图 4-08 "三"字形页面布局格式

图 4-09 "三"字形页面布局范例①

　　（2）"右双列"页面布局。"右双列"页面布局格式即页面分为左右两个区域，左半区域为内容区，右半区域为标题区和控制区，其中内容区为主要区域，如下图所示：

图 4-10 "右双列"页面布局格式

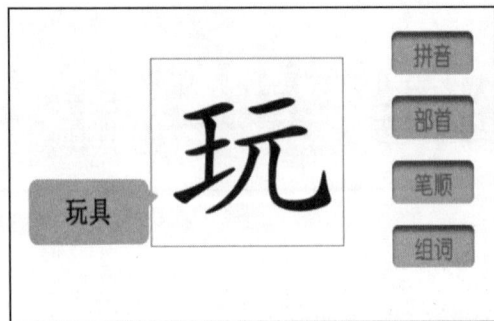

图 4-11 "右双列"页面布局范例

　　（3）"左双列"页面布局。"左双列"页面布局和"右双列"页面布局格式相反，即左半区域为标题区和控制区，右半区域为内容区，如下图所示：

---

① 创而新（中国）科技有限公司的《小学华文》。

图4-12 "左双列"页面布局格式

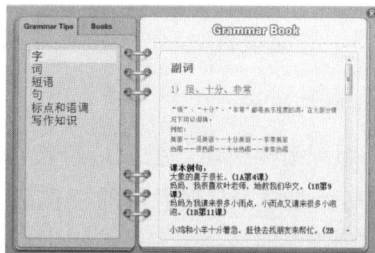

图4-13 "左双列"页面布局范例

（4）"厂"字形页面布局。"厂"字形页面布局格式即页面由三大区域构成："标题和导航条""子栏目和导航条""内容区"，且三个区域呈现形式为"厂"字形。其中"标题和导航条"位于页面顶部，"子栏目和导航条"位于页面左端，"内容区"作为界面主要区域位于页面右端，如下图所示：

图4-14 "厂"字形页面布局格式

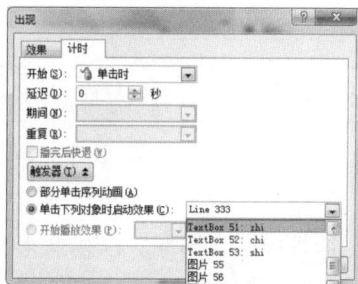

图4-15 "厂"字形页面布局范例

（5）"兀"字形页面布局。"兀"字形页面布局格式即页面由四大区域构成："标题和导航条"、三个"内容区"，且四个区域呈现形式为"兀"字形。其中"标题和导航条"位于页面顶部，三个"内容区"占据页面主要部分且以左中右形式排列：

图4-16 "兀"字形页面布局格式

图4-17 "兀"字形页面布局范例①

① 创而新（中国）科技有限公司的《小学华文》。

4.3.3 导航设计

（一）设计原则

（1）组织结构明确。组织结构表明各个要素的排列顺序、空间位置、聚散状态、关联方式等，是整个导航系统的"框架"。

（2）外观简明统一。导航是个辅助工具，过于花哨的设计会影响关键信息内容的呈现，简单明了的导航界面方便操作。

（3）操作简单灵活。操作灵活的导航可以使得教师更好地控制课件中的媒体要素，调整知识阐述的顺序和课件讲解的整体结构。

（二）导航常见形式

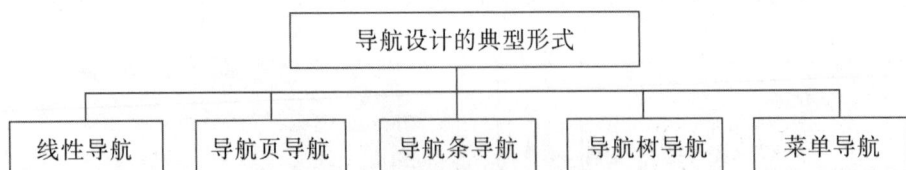

图 4-18 导航设计的典型形式

（1）线性导航。即导航以线性形式呈现。如图 4-19 所示，设计者设计"下一页"与"上一页"对应箭头图标，使用者通过点击相应箭头，界面即可快速跳转到相应界面。

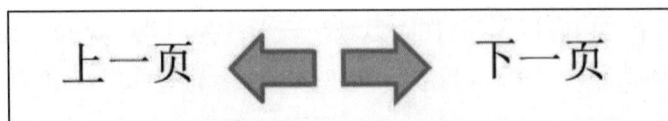

图 4-19 线性导航范例

（2）导航页导航。即导航占据课件中的一个单独页面。如图 4-20 所示，设计者将"词语热身""表达""连词成句"等按钮聚集于一个单独的页面，直观地将所有导航项目呈现出来，方便学习者一目了然明确所有的导航内容，通过点击页面中的导航项目，系统自动跳转到对应的页面。

图 4 – 20　导航页导航设计范例

（3）导航条导航。导航条即导航项目以条状形式呈现，如图 4 – 21 所示，八类导航用同类不同式的八个图标表示，每个图标代表不同的导航内容，且以条状布局形式布局于页面顶部或底部。

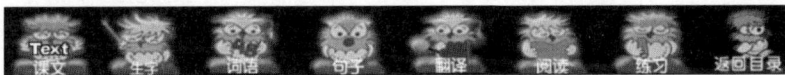

图 4 – 21　导航条设计范例

（4）导航树导航。导航树导航即导航以"树"状呈现，通常适用于相互之间有关联的导航项目。如图 4 – 22 所示，以"月"为中心，导向以"月"为部件的汉字，再导向与这些汉字有关的其他汉字。

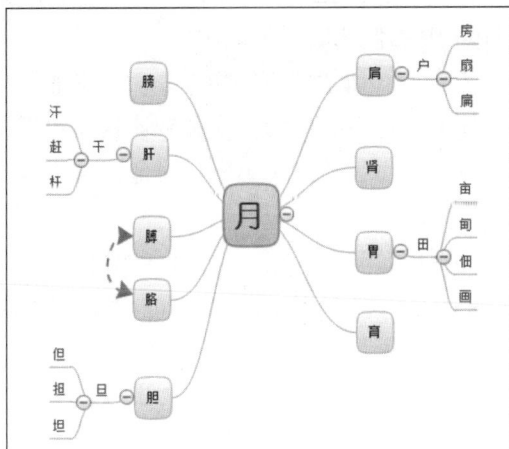

图 4 – 22　导航树设计范例

（5）菜单导航。菜单导航是由条形菜单栏和菜单栏中每个菜单项的弹出菜单窗口两部分组成，导航方式占用位置小，但直观性较差。

4.3.4 媒体组合

多媒体的形式有文本、图像、视频、动画，媒体组合可以让课件更加直观有趣，媒体组合的原则为：

（1）多媒体认知原则。每一种媒体形式都有各自特点和独特的功能，不能为了形式上的多样化而滥用媒体，而应该在教学设计理论的指导下，使不同媒体之间互相补充、取长补短，使各种媒体组合教学发挥的功能大于各媒体功能之和。

（2）空间接近原则。指书页或是屏幕上对应的语词与画面邻近呈现比隔开呈现的效果更好，学习者学习时，总是希望在文字和图示之间建立起有意义的联系，而不是像复印机一样仅仅记录输入的信息。

（3）时间接近原则。指的是对应的语词与画面同时呈现比继时呈现能使学习者学得更好。因为当对应的语词与画面同时呈现时，学习者更有可能在工作记忆中同时保持两种材料的心理表征，因此也更有可能在言语表征和视觉表征之间建立起心理联系。

（4）一致性原则。指在多媒体教学设计中，当无关的学习材料（如有趣但无关的语词和画面、有趣但无关的声音和音乐以及不必要的语词等）被排除时，学习者会学得更好。

（5）多通道原则。教学过程中要善于用不同符号去呈现不同的内容，不同符号要用能充分呈现这类符号的媒体，扬长避短，优化组合，符合学生的认知规律，调动学生各种感官来学习，做到耳目并举，讲练结合，避免长期依赖于某种器官而造成的疲劳和枯燥感，促进学生对知识的理解和记忆。

（6）个体差异原则。不同年龄阶段、不同专业素质水平的学生对事物的接受能力不一样，选择教育媒体必须考虑他们的年龄特征和专业素质水平。例如小学生的认知特点是直观形象的思维，注意力不容易持久集中，对他们可以较多地使用图片、视频来实施教学。

在华文课件设计中，应根据教学内容与教学目标的分析，结合各类媒体信息的特性，合理选择适当的媒体信息，并把它们作为要素分别安排在不同的知识点中。

【例】汉字知识媒体组合效果。

汉字知识包括拼音、部首、笔画、笔顺及组词，用音频可以演示生字拼音，图像可以演示部首，动画则可以很好地演示生字笔画笔顺。

表4-04 汉字"玩"的媒体素材选择

生字	知识点	文本	图像	音频	动画
玩	拼音	√		√	
	部首		√	√	
	笔顺				√
	组词	√			

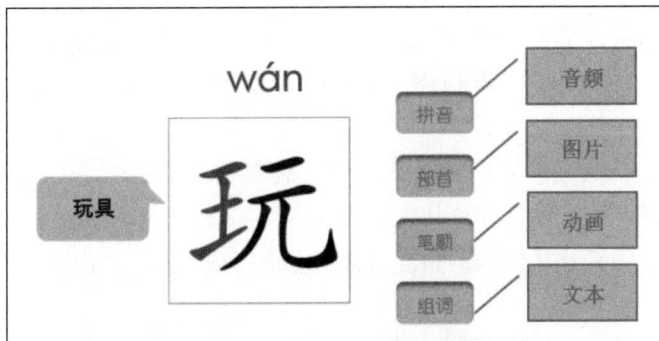

图4-23 汉字"玩"的媒体组合分析

4.3.5 人机交互设计

（一）设计原则

人机交互即计算机与用户的交流互动，用户通过人机交互界面和系统进行交流，并进行操作。人机交互使得"一切都在可控中"。

（1）容易操作。无论是按钮、表单、选项卡还是其他工具，都必须简单明了，易于操作，尤其是针对青少年及以下的教学对象。

（2）及时响应。课件可以"及时响应"是数字教学资源最突出的特点和功能，在学习中，"及时响应"可以有效地保持学生学习的积极主动性。

（3）正确反馈。除了反馈的速度，还要注重反馈的准确性，以免误导他人。正确的反馈是教学顺利进行的保障。

（二）人机交互常见方式

（1）按钮交互。按钮交互即通过相关按钮实现对系统的控制，如图4-24所示，每一个单元（unit）包括四个基本的按钮，即"导入单元""核心单元""深广单元"

"解除魔咒"，在每一个按钮下还包括子按钮，用户通过不同的按钮对系统进行操控。

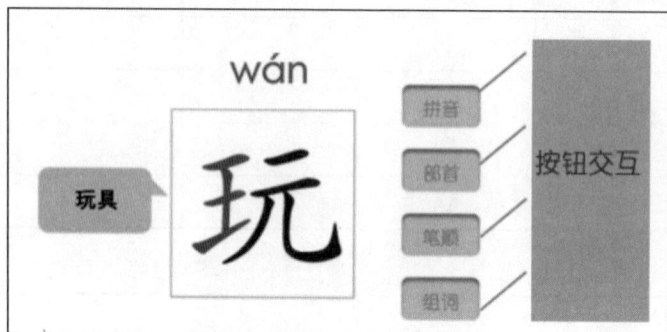

图 4 – 24　按钮交互设计范例

（2）热交互。热交互即用户可以从不同角度对界面上的知识点进行操作。如图 4 – 25 所示，"玩"这个生字的知识点包括拼音、部首、笔顺、组词，用户通过对界面按钮的操作，使得系统从不同的角度对知识点进行展示。

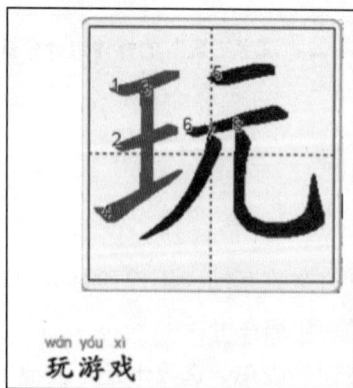

图 4 – 25　热交互设计范例

（3）对话框交互。对话框交互即人机交互，是在对话框中实现的。如图 4 – 26 所示，用户在此单独的对话框中填写正确的词语，全部练习在对话框中进行。

图 4-26　对话框交互设计范例

（4）表单交互。表单交互即人机交互的方式是以表单方式呈现的。如图 4-27 所示，对系统进行设置（Settings），每一个功能对应不同的选项，用户根据个人需要，在有限的选择中点选更适合自己的功能，对系统进行设置。

图 4-27　表单交互设计范例①

（5）选项卡交互。选项卡交互即人机交互方式为选项卡。下图为生字练习选项卡，两类选项分别为："Progress""Difficulty"，及 "Read""Dictation""Write from Memory"，例如用户通过点击 "Read"，来检验自己对相应生字的掌握程度是 "Progress" 还是 "Difficulty"。

———————————

① 创而新（中国）科技有限公司的《小学华文》。

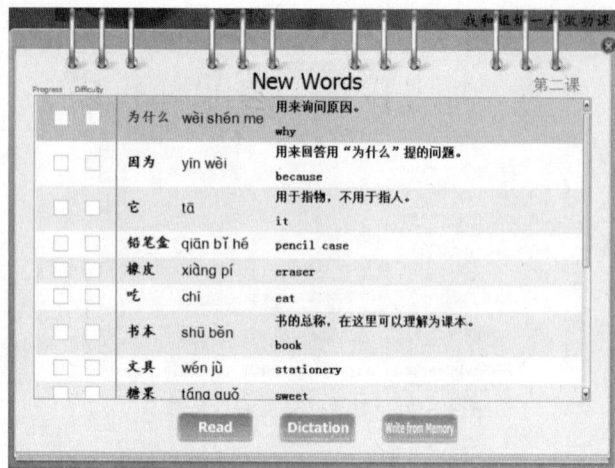

图 4-28　选项卡交互设计范例①

（6）工具交互。工具交互即交互的按钮为工具，用户与计算机通过工具栏进行对应交互。不同的图标代表不同的工具，如"铅笔" 、"橡皮" 等，用户根据交互的需要，选择不同的工具，实现与计算机之间的交流互动。

本小节学习了如何进行华文课件的系统设计，系统设计包括界面设计、导航设计、媒体组合和人机交互。良好的系统设计可以帮助华文教学更好地展开，达到更好的效果。

【思考与练习】

结合本小节内容，选取一个或多个华文教学知识点，进行华文课件的系统设计。

---

① 创而新（中国）科技有限公司的《小学华文》。

4.4 华文课件的多媒体集成

【学习目标】

1. 掌握课件中文本的处理方法。
2. 掌握课件中使用米字格呈现汉字的方法。
3. 掌握课件中媒体图形图像的处理方法。
4. 掌握课件中音频的处理方法。
5. 掌握课件中动画的处理方法。

导入

课件制作软件有不少，其中 Microsoft Office PowerPoint 是制作华文课件的常用软件。在课件的制作过程中，如田字格、合成图形、图像背景透明、音频内嵌、动画导入等技巧应当使用哪些多媒体素材的集成的方法和技巧呢？

4.4.1 文本的处理

文本框是 PowerPoint 中处理文本的工具，其属性的设置与汉字、词语、短语、句子的呈现有密切关系。在课件的制作中，我们常用下图三种形式呈现。

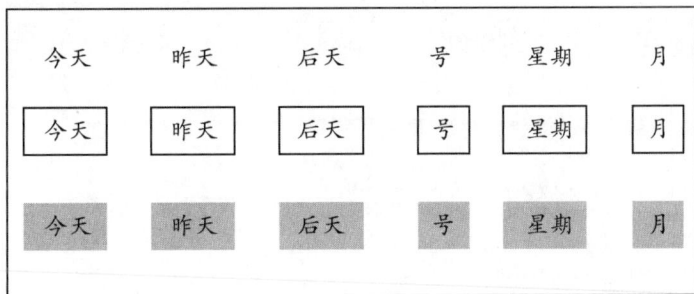

图 4 - 29 文本框的呈现形式

现在我们就一起来看看如何对文本框进行处理，以便更好地设计课件。

【步骤 1】 添加文本框。启动 PowerPoint，新建一个幻灯片，点击菜单"开始"

（$\boxed{\text{Start}}$），插入横向文本框。

　　【步骤2】输入文字。如按教学需要输入"今天"，设置字体、颜色、字号等属性，一般情况下，输入建议大家"字号"设为22~28号字，方便在课堂教学中应用。

　　【步骤3】输入多个词语。我们"复制"（$\boxed{\text{Copy}}$）和"粘贴"（$\boxed{\text{Paste}}$）已设置好的"今天"文本框，输入"昨天""明天""号""星期"和"月"。

　　【步骤4】等距离对齐多个文本框。选择多个文本框方法之一，利用$\boxed{\text{SHIFT}}$+选择多个文本框，点击菜单"格式"（$\boxed{\text{Format}}$），选择工具栏中的"对齐"（$\boxed{\text{Align}}$），选择"顶端对齐"（$\boxed{\text{Align Top}}$）和"横向分布"（$\boxed{\text{Distribute Horizontally}}$），多个文本框实现了等距离对齐，如图4-30所示：

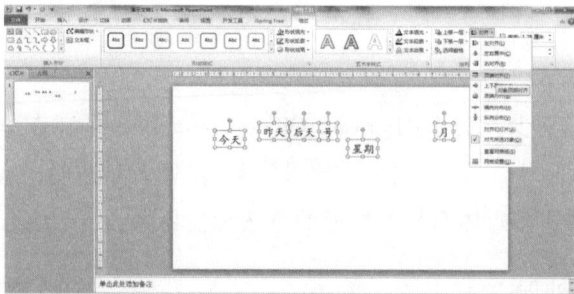

图4-30　等距离对齐多个文本框

　　【步骤5】设置文本框的填充和轮廓。选中多个文本框方法之二，从左上角拖动鼠标，选中要选择的多个对象。点击菜单"格式"（$\boxed{\text{Format}}$），选择工具栏中的"形状填充"（$\boxed{\text{Shape Fill}}$）和"形状轮廓"（$\boxed{\text{Shape Outline}}$），如图4-31所示：

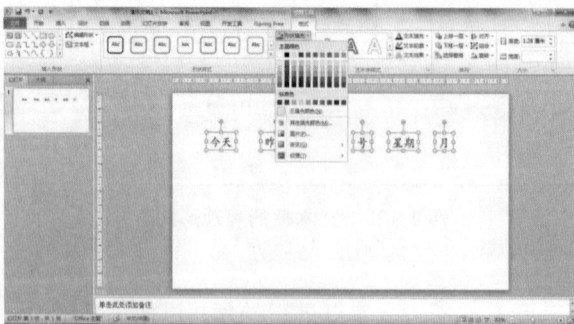

图4-31　设置文本框的填充和轮廓

4.4.2　米字格中的汉字呈现

图4-32　米字格中的汉字

米字格是汉字教学中用来演示或练习汉字笔画与结构的辅助教学工具。在课件中有助于向学习者科学、合理地演示汉字的架构和笔画位置。接下来，我们一起来看一看如何设计制作米字格，来更好地呈现汉字字形。

【步骤1】绘制正方形。启动 PowerPoint，点击菜单 插入—形状 （Insert – Shapes）命令，在下拉框中选择"矩形"（Rectangles）工具（如图4-33），此时鼠标会变成"＋"的样式，按住"shift"键，同时按住鼠标左键拖动，画出正方形，并调整到合适的大小。

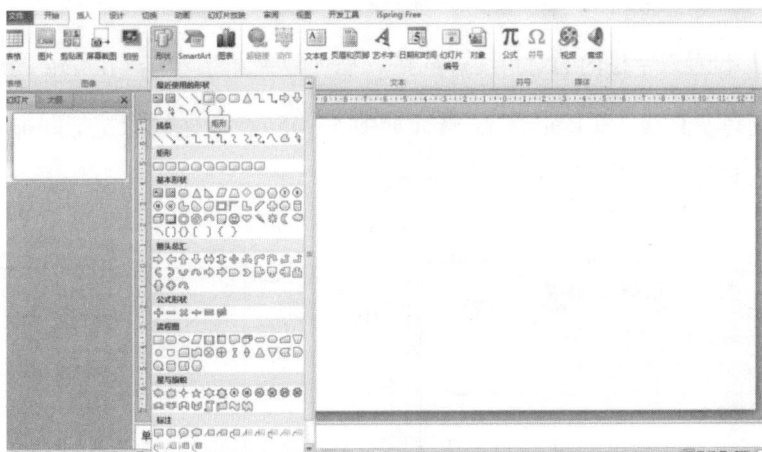

图4-33　"形状"下拉框中的"矩形"工具

【步骤2】设置正方形线条的颜色。选中"正方形"，在菜单中选择"格式"—"形状填充"（Format – Fill）并选取"无填充"（No Fill），选择"格式"—"形状轮廓"（Format – Shape Outline）并选取"蓝色"，效果如图4-34所示：

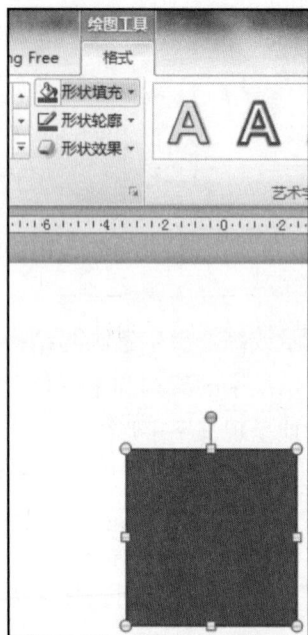

图 4 - 34　"设置形状格式"

【步骤 3】设置米字格内的对角线。选择"插入"—"形状"（ Insert – Shapes ），在下拉框中选择"直线"（ Lines ）工具（如图 4 - 35），按住鼠标左键并拖动，画出正方形的两条对角线，效果如图 4 - 36 所示：

图 4 - 35　"直线"工具

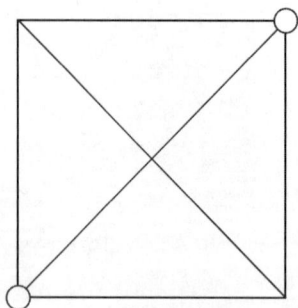

图 4 - 36　对角线效果

【步骤 4】编辑米字格内的竖线与横线。方法同上，使用"直线"（ Lines ）工具，完成米字格的内框，效果如图 4 - 37 所示：

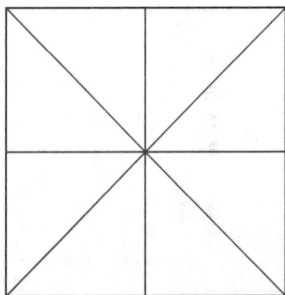

图 4 – 37　米字格内框效果

【步骤5】设置米字格内的虚线线型。选中米字格内的一条直线。此时，工具栏中有"格式"（Format）选项，单击"格式"（Format），选择"形状轮廓"—"虚线"（Shape Outline – Dotted Line），选择短划线。如图4 – 38，米字格内其他直线也按照以上步骤。完成后的效果如图4 – 39所示：

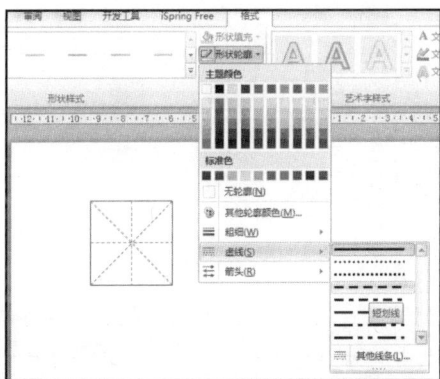

图 4 – 38　"设置形状格式"对话框

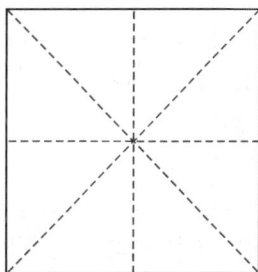

图 4 – 39　米字格最终效果

4.4.3　图像的处理

在课件设计中，我们常常要处理图像文件。如下图中，如何将白色背景的"小鸟"和"汽车"合成到背景中呢？"小鸟"和"汽车"的背景如何处理？两只小鸟方向相反如何实现？

图4-40 "小鸟"和"汽车"背景图

【步骤1】导入图像。点击菜单"插入"（Insert）图片，导入图片文件"风景""小鸟"和"汽车"。

图4-41 插入图片

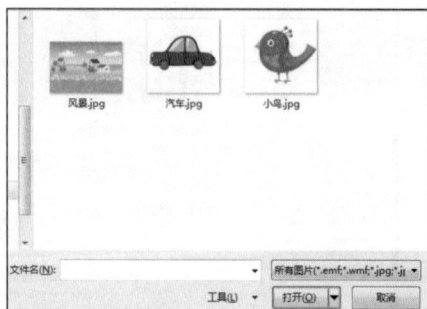

图4-42 待插入的图片

【步骤2】设置小鸟背景透明。选中"小鸟"，点击菜单"格式"（Format）——"颜色"（Color）中的"设置透明色"工具，在小鸟白色背景处点击一次。再用相同方法设置汽车的背景透明，选中汽车，注意图像边框的8个小点，拖动鼠标，调整汽车大小。

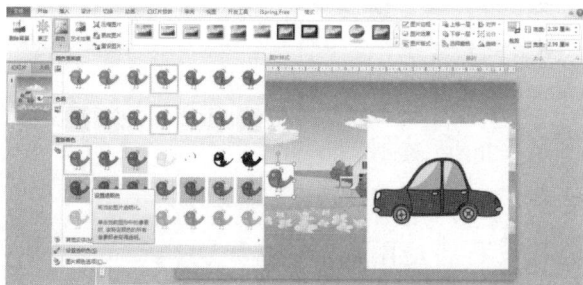

图 4-43 设置透明色

图 4-44 设置小鸟背景透明

【步骤 3】复制小鸟,并改变小鸟图像方向。点击菜单"开始"(Start),应用"复制"和"粘贴"菜单,复制第二只小鸟。选中"小鸟",点击菜单"格式"中的工具"旋转",选择"水平翻转"。

图 4-45 改变小鸟图像方向

这样,我们就实现了把白色背景的小鸟和汽车合成到风景中。

4.4.4 音频的处理

语音是华文教学中不可缺少的要素,数字音频集成处理有两种方法。我们以下面的例子为例,给课文《认方向》导入音频,了解数字音频集成处理的方法。

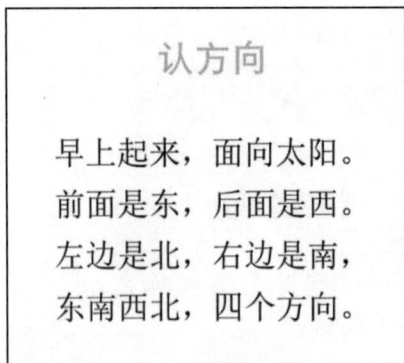

认方向

早上起来，面向太阳。
前面是东，后面是西。
左边是北，右边是南，
东南西北，四个方向。

图 4 - 46 　《认方向》

方法 1：外链音频

【步骤】导入音频文件。点击菜单"插入"（ $\boxed{\text{Insert}}$ ）—"音频"（ $\boxed{\text{Sound}}$ ），导入音频文件"认方向"，选择对话框中的"插入"。需要注意的是，可以导入多种音频数据格式。

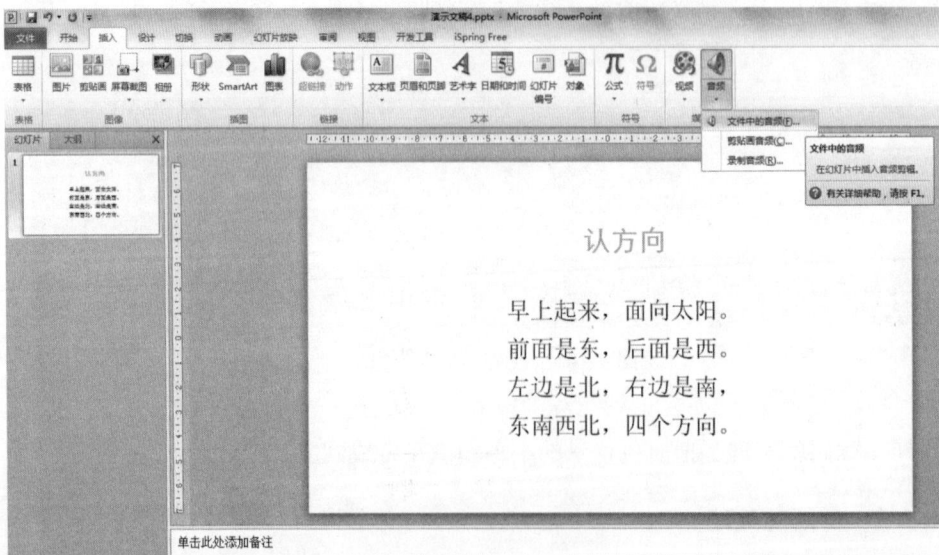

图 4 - 47　插入音频

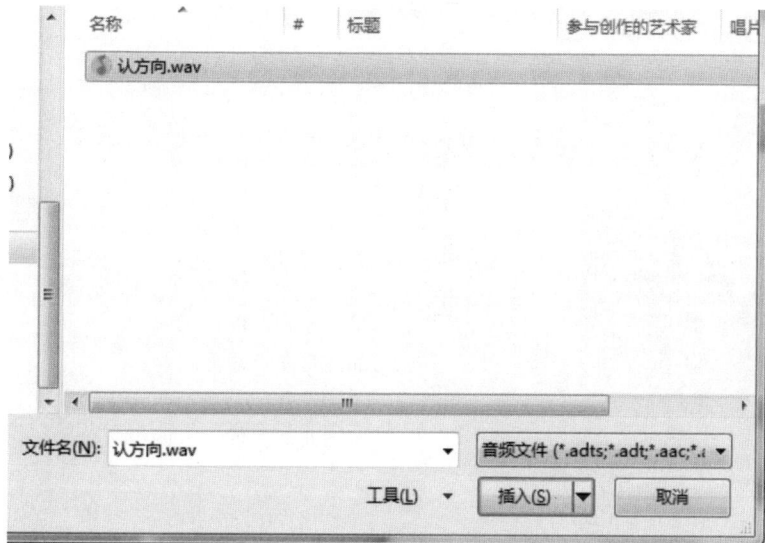

图 4 - 48　待插入的音频

　　我们看看下图，插入音频文件后，添加一个"小喇叭"，点击试播放声音。如果把"认方向"音频文件删除或改变路径，"小喇叭"将无法再播放音频。

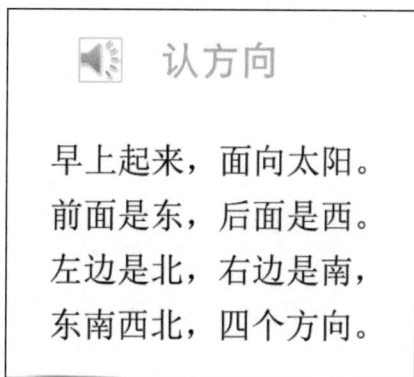

图 4 - 49　添加"小喇叭"

　　方法 2：内嵌音频

　　【步骤 1】导入音频文件。选择文本框"认方向"，点击菜单"插入"（Insert）—"动作"（Action）。

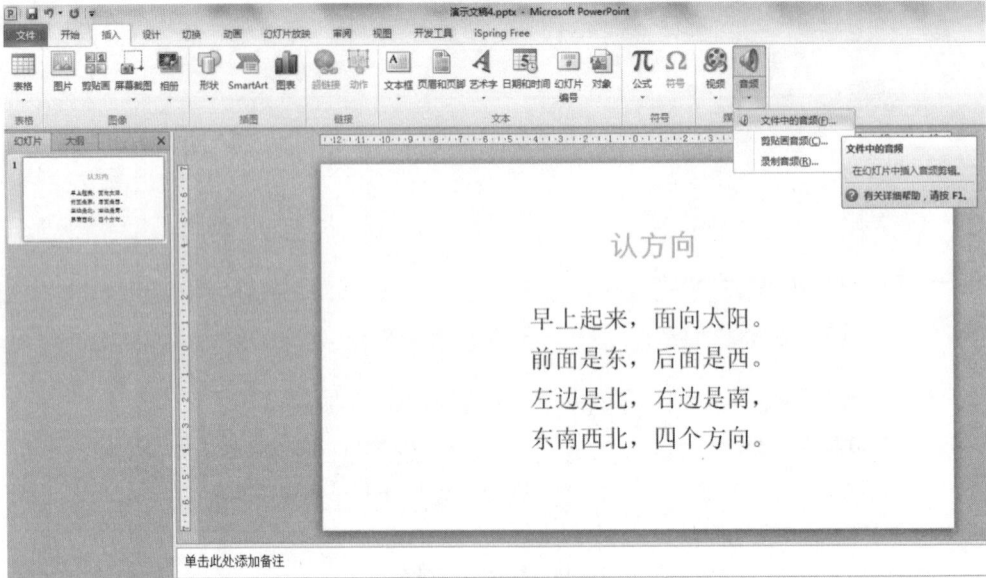

图 4-50　插入"动作"

【步骤 2】设置对话框。点击 |播放声音|（|Play sound|）—"其他声音"（|Other Sound|），导入音频文件"认方向"，选择对话框中的"插入"（|Insert|）。

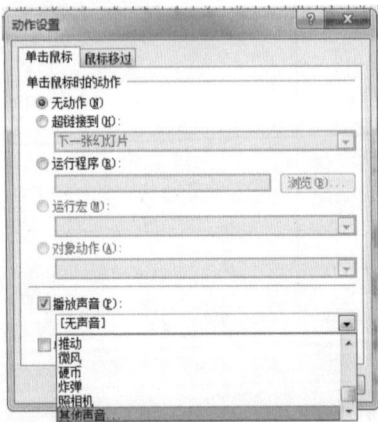

图 4-51　动作—播放声音—其他声音

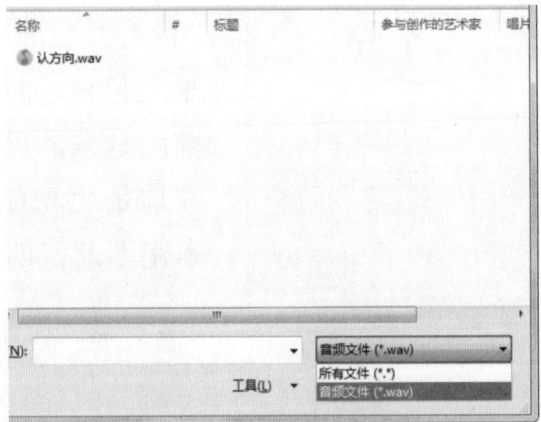

图 4-52　待嵌入的音频

需要注意的是，导入的音频数据只能是 WAV 格式。

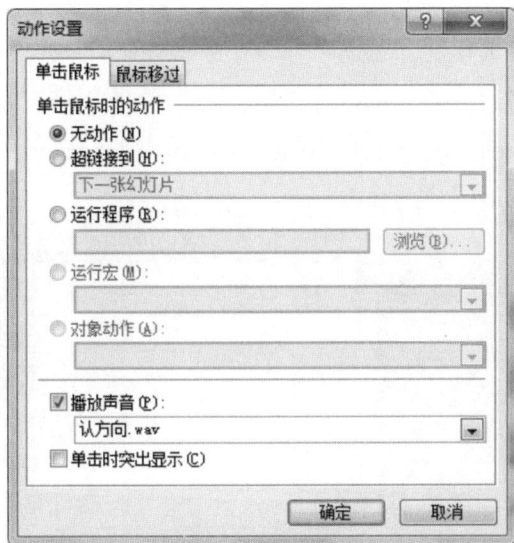

图4-53　嵌入音频

以上两种集成数字音频方法的区别如下表：

表4-05　数字音频集成处理方式对比

方法	特点
外链音频	①课件文件数据不会由于导入音频文件而变大； ②产生"小喇叭"图标； ③可以导入多种音频数据格式。
内嵌音频	①课件文件数据会因为导入音频文件而变大； ②不会产生"小喇叭"图标； ③只能导入"WAV"音频数据格式。

4.4.5　动画的处理

应用动画可以直观呈现汉字笔顺，如何将汉字笔顺动画导入你的课件中呢？接下来，我们就一起来学习。

【步骤1】添加"Shockware Flash Object"。在工具栏中，选择"开发工具"

（ Developer ）中的"其他控件 "，选择"Shockware Flash Object"。

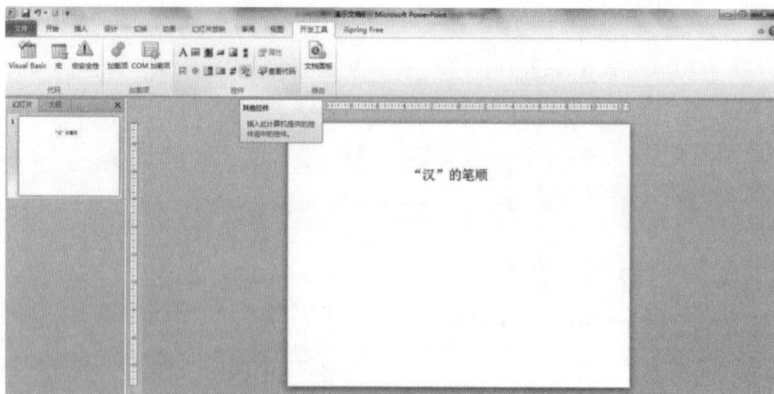

图 4 - 54　添加"Shockware Flash Object"

图 4 - 55　"Shockware Flash Object"控件

　　【步骤2】设置导入动画文件的区域范围和属性。在 PowerPoint 中，拖动鼠标（如图 4 - 56），画一个框，点击"开发工具"（ Developer ）—"属性"（ Properties ），EmbedMovie 设定为"True"，假设你的"han. swf"文件在 D 盘，Movie 设置路径为"d：\\ han. swf"（如图 4 - 57）。

"汉"的笔顺

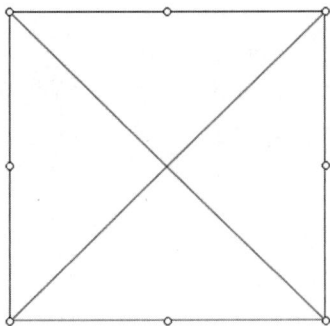

图4-56 设置导入动画文件的区域范围

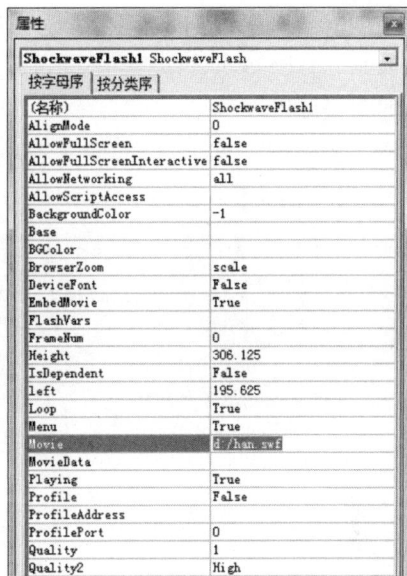

图4-57 设置属性

【步骤3】播放 PowerPoint。

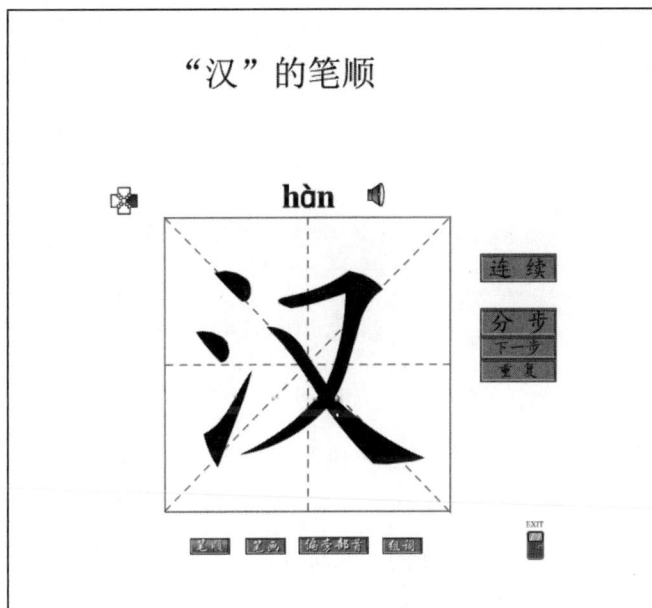

图4-58 播放汉字笔顺动画"汉"

　　本小节学习了如何进行华文课件的多媒体集成。掌握好田字格、合成图形、图像背景透明、音频导入、动画导入等多媒体素材的集成的方法和技巧，是制作华文教学课件的前提准备。

【思考与练习】

1. 选取一个或多个华文教学知识点，设计米字格汉字。

2. 选取《中文》教材的任意一册的任意一课内容，设计课文内容的图像背景。

3. 选取一个或多个华文教学知识点，设计数字音频和动画。

4.5 华文课件的人机交互

【学习目标】

1. 掌握课件中人机交互的设计要素。
2. 掌握超链接实现人机互动的方法。
3. 掌握触发器方法实现人机互动的方法。

导入

华文课件中的人机交互是指学习者与课件的信息交换。交互按钮如何控制信息？连线如何产生？计算机为何可以知道练习的答案？我们如何通过计算机交互策略构建具有较强交互性的课件呢？接下来与大家一起分享相关的方法和技巧。

4.5.1 基础知识

课件中的人机交互由节点、链和链宿构成。

（一）节点

课件中的节点类型有文本节点、图形和图像节点。见表4-06中三个例子。

表4-06 示例

节点	示例		
文本	例1 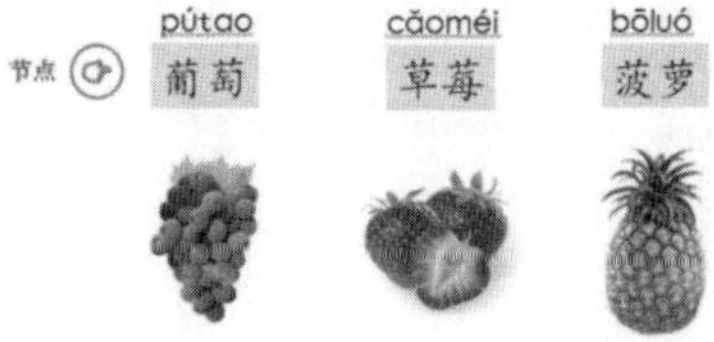		
图像	例2 		

（续上表）

节点	示例
图形	例3 节点 pútao 葡萄

（二）链

链是用来连接相关节点，表示不同节点间存在的信息联系。一般情况下由两个节点组成，一个称为源节点，另一个称为目标节点。

（三）链宿

链宿是链指向的目标，链宿可以是一个数据文件，如 Word、PowerPoint、音频、图像、网站地址文档，也可以是一张图片、一张 PowerPoint 幻灯片。我们来看看例4和例5。

例4：

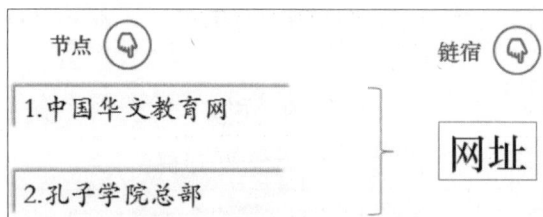

例5：

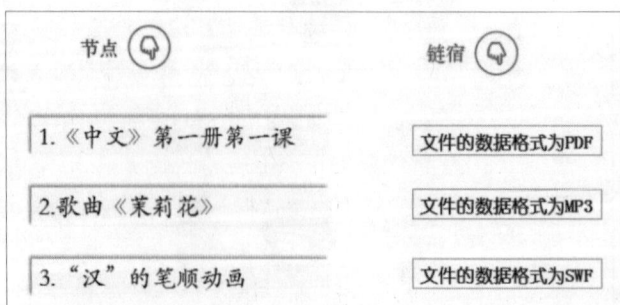

以上例子，可以总结如下表：

表 4 – 07　节点类型及其链宿

例子	节点类型	链宿
例 1	文本	图片
例 2	图像	文本
例 3	图形	音频数据
例 4	文本	网址
例 5	文本	文件数据（PDF、MP4、SWF）

4.5.2　常用的实现交互方法

（一）方法 1：超链接的应用

PowerPoint 中插入超链接能够快速转到指定的网站或者打开指定的文件，又或者直接在 PowerPoint 中链接跳转至某页。

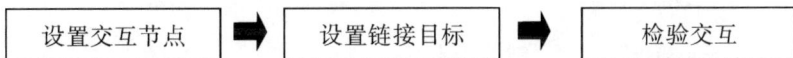

设置交互节点 ➡ 设置链接目标 ➡ 检验交互

图 4 – 59　超链接交互的流程

1. 链接目标：网址

【步骤 1】设置交互节点。如下图两个文本框。

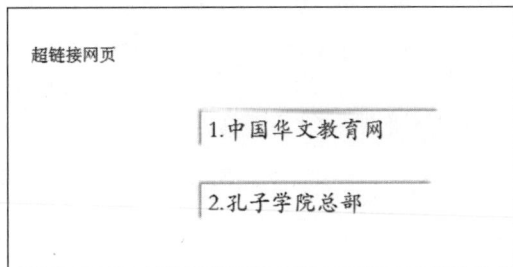

超链接网页

1.中国华文教育网

2.孔子学院总部

图 4 – 60　文本框

【步骤 2】设置链接目标。选中文本框"1. 中国华文教育网"，点击菜单"插入"

（Insert）——"超链接"（Hyperlink）（如图4－61）。设置超链接对话框（如图4－62），输入网址http://www.hwjyw.com，点击"确定"（OK）按钮。

图4－61　插入超链接

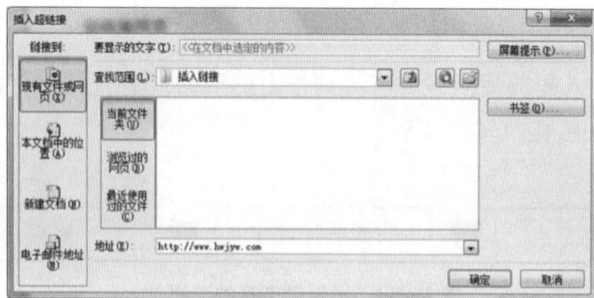

图4－62　设置超链接对话框

【步骤3】检验交互。播放幻灯片点击文本框"1．中国华文教育网"，在网络正常情况下，链接http://www.hwjyw.com。

用以上相同步骤设置文本框"2．孔子学院总部"，网址是http://www.hanban.edu.cn/。

问题：在应用文本框设置链接时，注意鼠标点击文本框的状态。

①如果鼠标光标放置在文本框中，设置链接后，文本框中文字将出现下划线（如图4－63）。

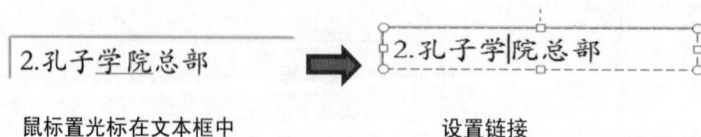

鼠标置光标在文本框中　　　　　　　　　设置链接

图4－63　有下划线文字

②　如果选中文本框，设置链接后，文本框中文字不会出现下划线（如图 4 - 64）。

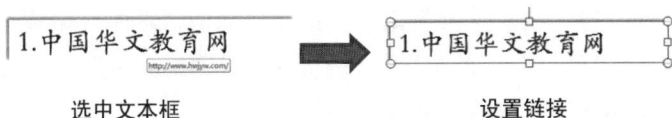

图 4 - 64　无下划线文字

2. 链接目标：外部文件（如 PDF 文件，MP3、SWF 文件等）

【步骤 1】设置交互节点。准备链接的外部文件数据和设置链接的文本框（如图 4 - 68）。

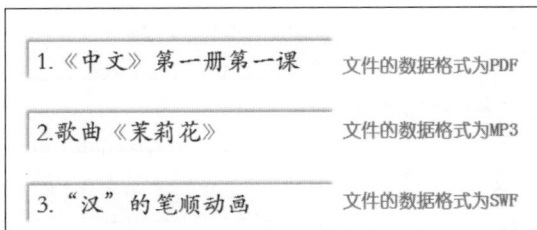

图 4 - 65　交互节点文本框

【步骤 2】设置链接目标。选中文本框"1.《中文》第一册第一课"，点击菜单"插入"（Insert）中的"超链接"（Hyperlink），点击"现有文件或网页"，选择链接目标文件"《中文》第一册第一课.pdf"，设置超链接对话框，点击"确定"（OK）按钮（如图 4 - 66）。

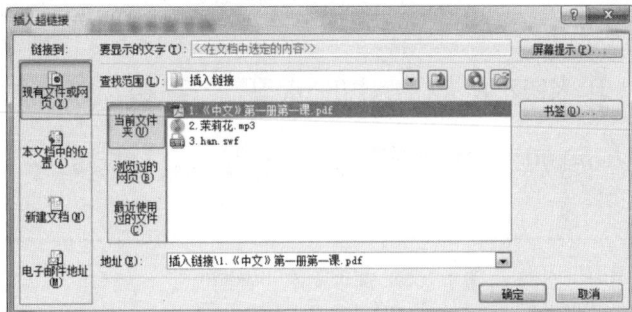

图 4 - 66　设置《中文》第一册第一课链接目标

【步骤3】检验交互。播放幻灯片点击文本框"1.《中文》第一册第一课",可以浏览课文。

用以上相同方法：

■ 设置文本框"2. 歌曲《茉莉花》",链接目标是"歌曲《茉莉花》.mp3"。

■ 设置文本框"3.'汉'的笔顺",链接目标是"han.swf"。

3. 链接目标：PowerPoint 中的某页

【步骤1】设置交互节点。设置好例句和相应的图片（如图4-67）。

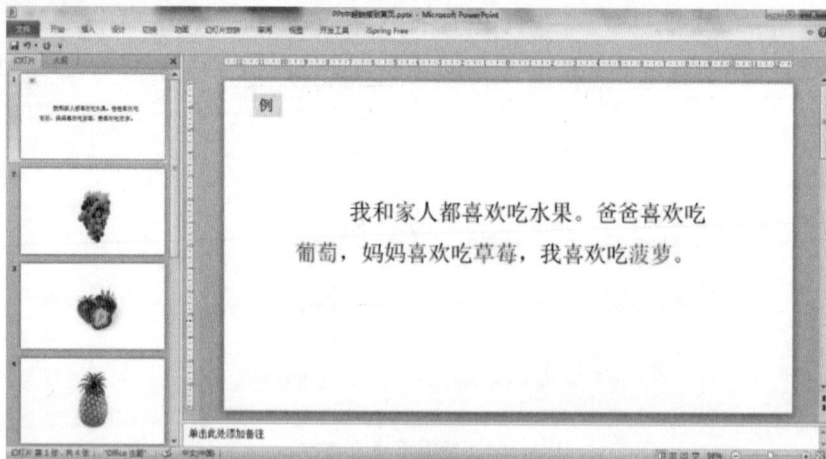

图4-67　例句与相应的图片

【步骤2】设置链接目标。选中"葡萄"（如图4-68）。点击菜单 |插入|（|Insert|）—"超链接"（|Hyperlink|）。在"插入超链接"对话框中选择"本文档中的位置"，找出所需链接的图片（如图4-69）。最后，点击"确定"（|OK|）按钮。

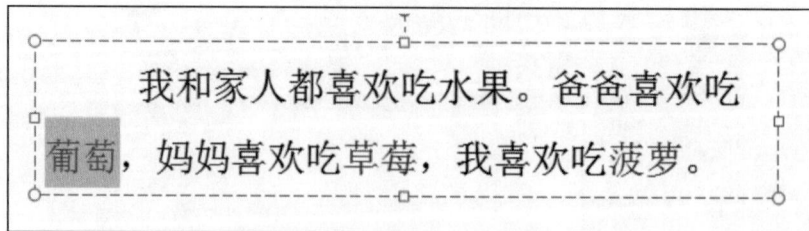

图4-68　选中文本"葡萄"

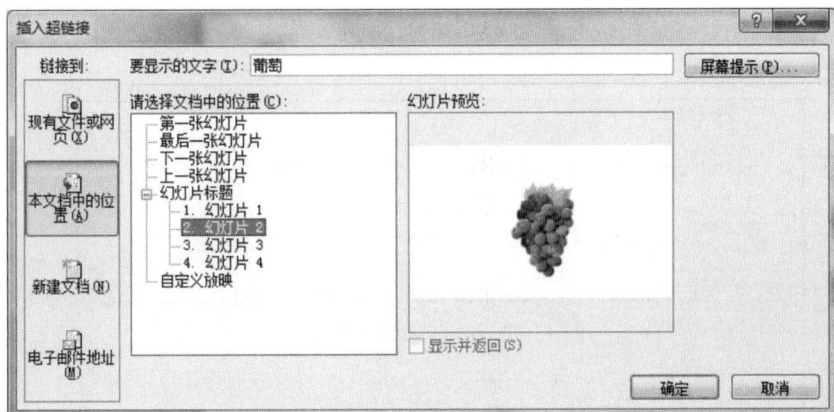

图 4 – 69 设置链接目标——"葡萄"图片

【步骤 3】检验交互。播放幻灯片，点击"葡萄"。

用以上相同方法，设置"草莓"的超链接（如图 4 – 71）。

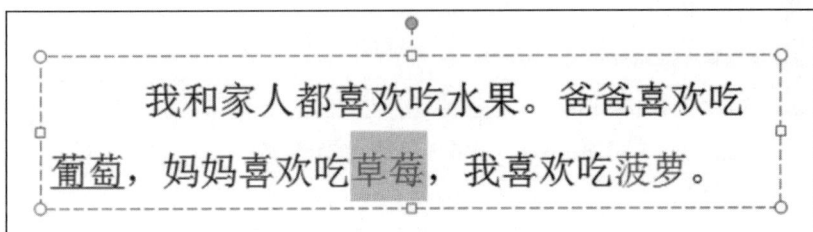

图 4 – 70 选中文本"草莓"

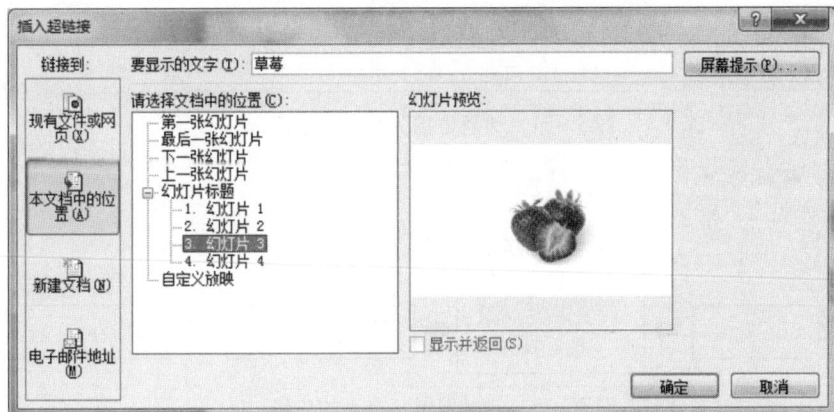

图 4 – 71 "草莓"的超链接

用以上相同方法，设置"菠萝"的超链接（如图4－73）。

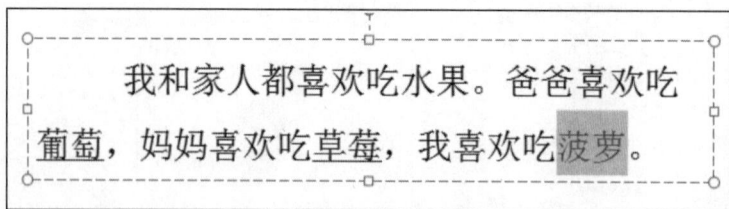

我和家人都喜欢吃水果。爸爸喜欢吃葡萄，妈妈喜欢吃草莓，我喜欢吃菠萝。

图4－72　选中文本"菠萝"

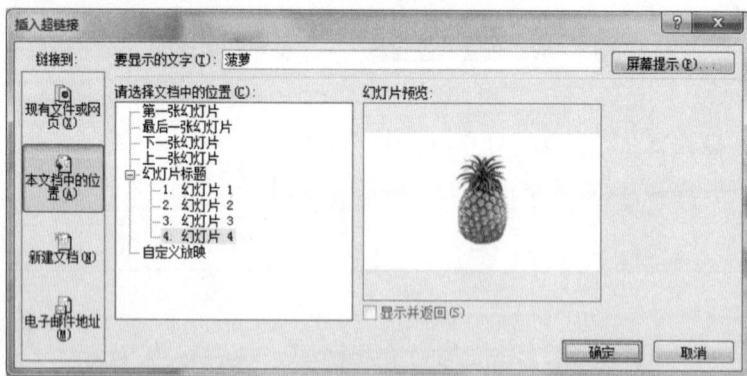

图4－73　设置"菠萝"的超链接

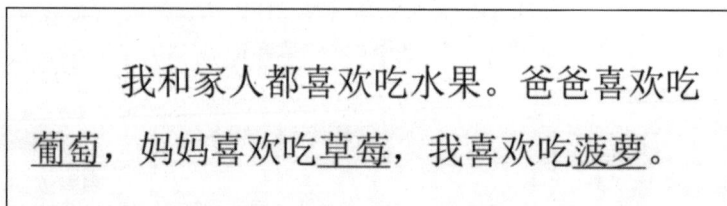

我和家人都喜欢吃水果。爸爸喜欢吃葡萄，妈妈喜欢吃草莓，我喜欢吃菠萝。

图4－74　"超链接"最终效果图

（二）方法2：触发器的应用

设置交互节点 ➡ 设置触发对象的动画 ➡ 设置触发器 ➡ 检验触发器

图4－75　"触发器"交互的应用

【步骤1】设置链接节点。输入"葡萄""草莓""菠萝"和相对应的拼音，并在文本框下方，插入相应的水果图片。三张图片"葡萄""草莓""菠萝"则是人机交互的节点（如图4－76）。

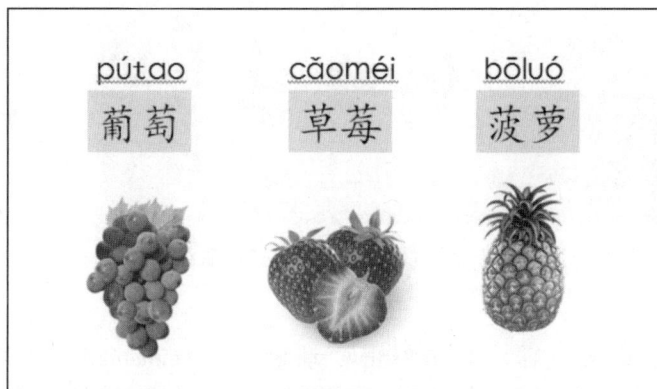

图4－76　"葡萄""草莓""菠萝"对应的拼音、文本和图片

【步骤2】设置图片动画（隐藏图片的作用）。选中图片"葡萄"，设置图片"葡萄"的动画效果。点击菜单中的"动画"（ Animation ），选择"随机线条"（如图4－78）。

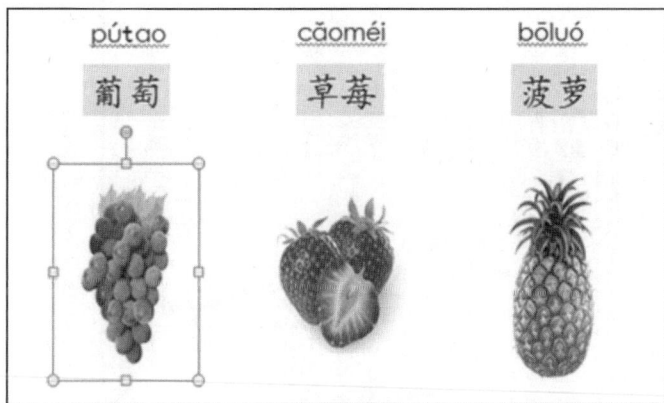

图4－77　选中图片"葡萄"

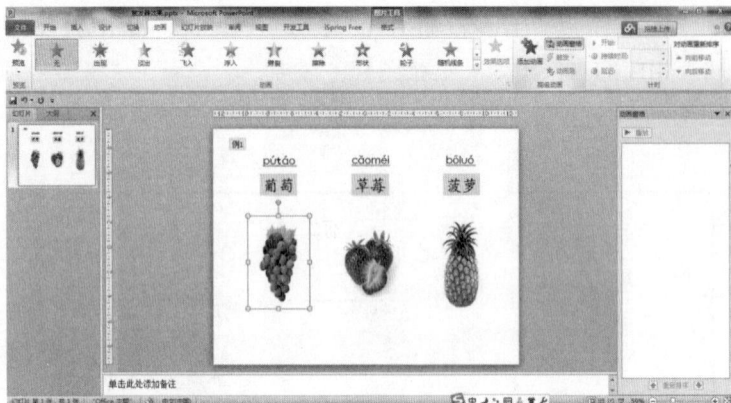

图 4 – 78　设置图片动画效果"随机线条"

【步骤 3】设置触发器。首先单击"动画"（ Animation ）—"动画窗格"（ Animation Pane ），点击鼠标右键，选取菜单"计时"（ Timing ）。设置"计时"对话框，选中"单击下列对象时启动效果"（ Start Effect on click of ）选项，选择"TextBox 1：葡萄"，最后选择"确定"（ OK ）按钮。

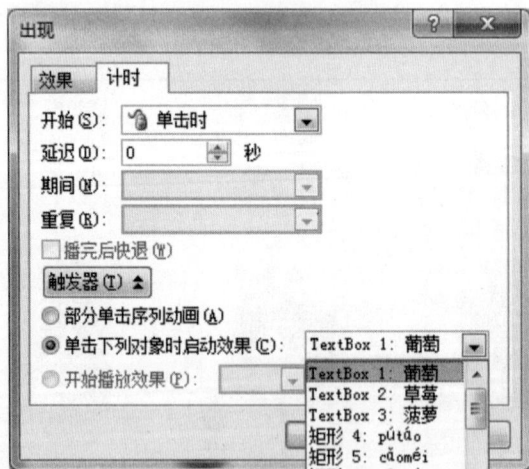

图 4 – 79　葡萄"计时"触发器效果设置

【步骤 4】检验触发器。单击"从当前幻灯片开始"（如图 4 – 80）。然后单击文本"葡萄"，相应的"葡萄"图片则以"随机线条"的方式呈现出来。

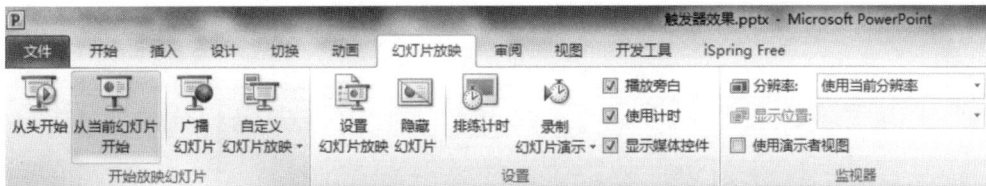

图4-80 播放当前幻灯片

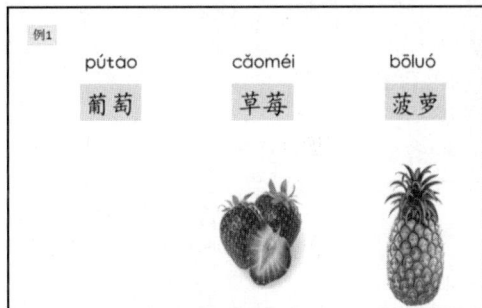

图4-81 "葡萄"触发器效果

用以上相同方法，设置"草莓"的触发器（如图4-82），图片"草莓"的触发器是文本框"草莓"。

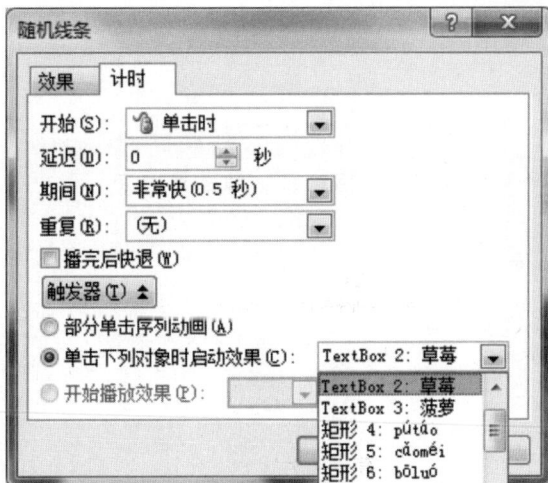

图4-82 草莓"计时"触发器效果设置

用以上相同方法，设置"菠萝"的触发器。需要注意的是，图片"菠萝"的触发器是文本框"菠萝"。

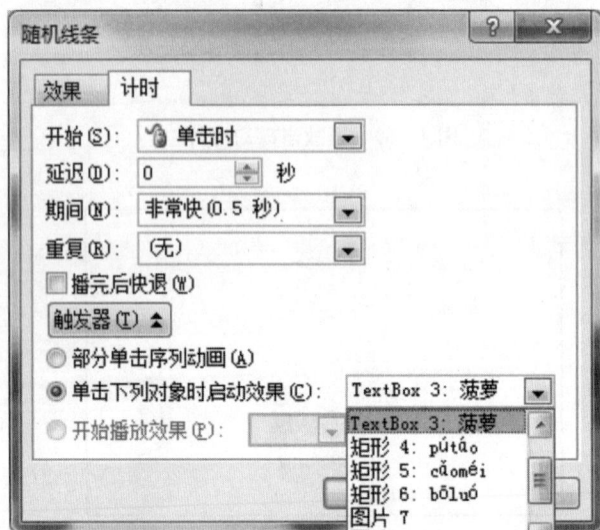

图4-83 菠萝"计时"触发器效果设置

本小节学习了如何应用人机交互方法控制课件的各部分信息，华文教学课件需要通过较强的人机交互设计体现教学的层次性与逻辑性，交互性强的华文课件有利于促进学习者习得学习内容。

【思考与练习】

1. 选取一个或多个华文教学知识点，设计超链接的应用。
2. 选取一个或多个华文教学知识点，设计触发器的应用。

4.6 语音课件的设计与制作示例

【学习目标】

1. 掌握语音课件中展示拼音的方法。
2. 掌握应用触发器人机交互方法设计简单课堂练习。

导入

我们先来给大家演示一个语音课堂教学的课件，思考几个问题：①如何实现字母呈现的强调效果？②如何设计简单的选择题？

4.6.1 教学设计

表 4-08 语音教学设计示例

教学内容	汉字拼音 z、c、s 和 zhi、chi、shi 教学		
教学课时	1		
教学对象	东南亚汉语初学者		
1. 教学内容与教学目标描述			
（1）认读声母 z、c、s 和 zh、ch、sh，能读准字音，认清形体，正确书写。 （2）分辨出易混淆声母 z 和 zh、c 和 ch、s 和 sh。			
2. 学习者分析			
东南亚学生比如印度尼西亚、泰国、缅甸、越南等国家的学生，在学习 z、c、s 和 zh、ch、sh、j、q、x 等声母时存在着较大困难。			
3. 媒体选择 （1）z、c、s 和 zh、ch、sh 的媒体选择。 （2）读音图标、练习反馈"对"和"错"的图标。			
知识点	文本	图像	音频

（续上表）

z	√		√
c	√		√
s	√		√
zh	√		√
ch	√		√
sh	√		
4. 练习的设计			
听读音选拼音，反馈设计如下：			

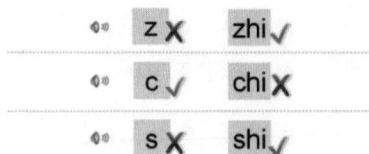

4.6.2　素材准备

（1）文本素材（z、c、s、zh、ch、sh）。

（2）音频素材（z、c、s、zh、ch、sh 读音，数据格式 WAV）。

（3）图像素材（音频播放按钮、练习题"对"和"错"反馈图）。

（4）集成工具 PowerPoint。

4.6.3　系统设计与媒体集成

（一）第一张幻灯片的制作步骤

【步骤1】绘制四线三格。

单击菜单 插入 — 形状 （Insert - Shape）画一条直线，单击菜单 格式 （Format）设置合适的线条颜色和粗细。复制粘贴 3 条直线，同时选中 4 条线，单击菜单 格式 （Format）— 左对齐 （Align Left）— 纵向分布 （Distribute Vertically），并执行 组合 （Group）命令 组合 ▾。复制 5 个四线三格，左右和上下对齐。

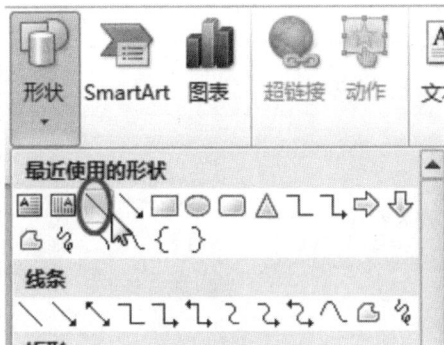

图4-84 插入直线

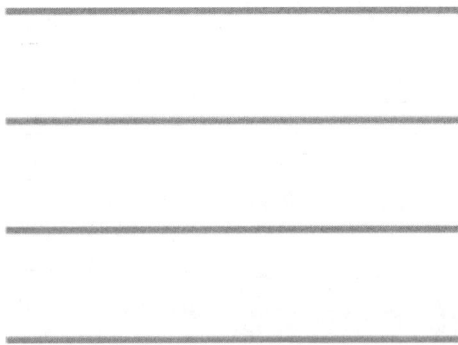

图4-85 四线三格效果

【步骤2】添加文本框。

输入拼音 z、c、s 和 zh、ch、sh。单击菜单 插入 — 文本框 （ Insert - Textbox ），输入"z"，设置合适的颜色、字体和字号（建议28号字）（如图4-86）。同样方法逐一添加文本框并输入字母 c、s 和 zh、ch、sh。

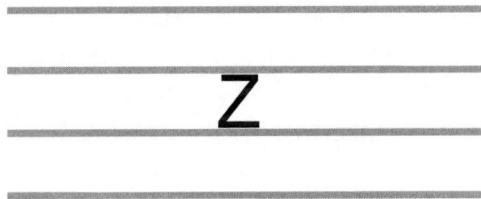

图4-86 "Z"效果图

【步骤3】导入字母读音和设置字母动画，强调读音。

复制字母"z"文本框，字体颜色为红色，并覆盖在黑色字母"z"之上。选中红色字母"z"，点击菜单 动画 — 添加动画 — 进入 （ Animations - Add Effect - Entrance ），双击"动画小窗口"列表进入动画设置对话框，点击"效果"中的 声音 （ Sound ），在下拉菜单中选择"其他声音（ Other Sound ）"，导入声音，如图4-87所示。点击对话框中的"计时（Timing）"，将 触发器 （ Triggers ）设置为"单击下列对象时启动效果 （ Start Effect on click of ）"，在下拉菜单中选择"Text-Box 7：z"，如图4-88所示：

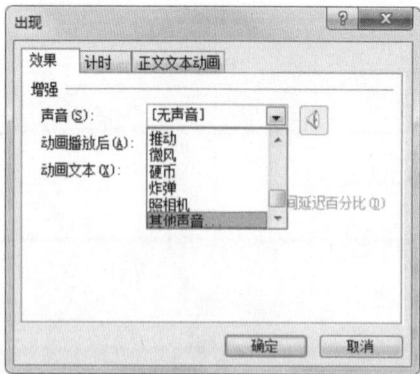

图 4 - 87　导入声音

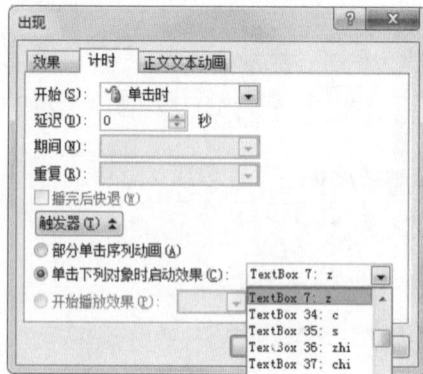

图 4 - 88　设置触发器

【步骤4】测试课件第一张幻灯片。单击菜单 放映幻灯片 （ Show Slide ）。

【步骤5】用【步骤3】相同方法逐一添加文本框字母 c、s 和 zhi、chi、shi，红字动画效果并导入对应的读音。

（二）第二张幻灯片的制作步骤

【步骤1】创设问题。

逐一设计文本框中的字母，文本框中字母设置同上。导入声音，插入声音图标，执行菜单命令 插入 — 图片 （ Insert - Picture ），选中喇叭图标，执行菜单命令 插入 — 动作 （ Insert - Action ），在弹出的 动作设置 （ Action Settings ）窗口中，点击 播放声音 （ Play sound ），在下拉菜单中选择"其他声音（ Other Sound ）"。导入第一题声音文件"zhi"。

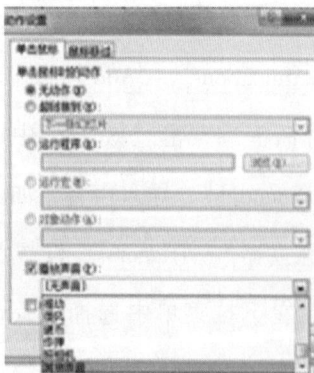

图 4 - 89　导入声音

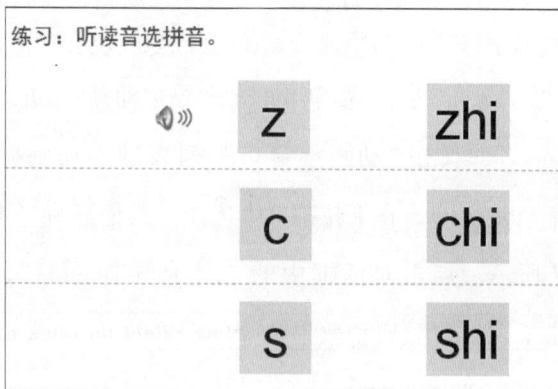

练习：听读音选拼音。

	z	zhi
	c	chi
	s	shi

图 4 - 90　效果图

【步骤 2】创设正确反馈和错误反馈。

我们以第一题为例。

执行菜单命令 插入—图片（ Insert – Picture ），插入"√"的反馈图片（如图 4 - 91），并设置该图背景透明。执行菜单命令 动画—添加动画—出现（ Animations – Add Effect – Appear ），双击动画小窗口，设置动画对话框，点击 计时（ Timing ），将 开始时间（ Start ）设置为 单击时（ On Click ），将 触发器（ Triggers ）设置为 单击下列对象时启动效果（ Start Effect on click of ），在下拉菜单中选择"Text-Box 51：zhi"。

图 4 - 91　插入"√"的反馈图片

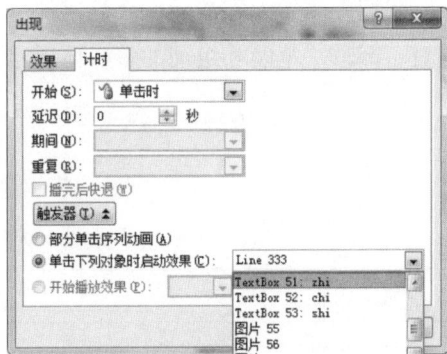

图 4 - 92　设置对话框

用以上相同方法设置"错误反馈"。

【步骤 3】测试课件第二张幻灯片。

单击菜单 放映幻灯片（ Show Slide ），尝试应答第一题。

【步骤 4】用【步骤 2】相同方法逐一设置第二题和第三题。

本小节学习了语音课件中展示拼音的方法和掌握应用触发器人机交互方法设计简单的课堂练习，我们可以根据教学需要自己设计与制作语音课件。

【思考与练习】

1. 选取语音知识点，进行语音教学课件的设计与制作。

2. 根据语音教学内容，设计多媒体语音练习。

4.7　汉字课件的设计与制作示例

【学习目标】

1. 掌握汉字课件中展示汉字拼音、部首、笔顺和组词的方法。
2. 掌握应用触发器人机交互方法设计汉字课堂练习。

导入

我们先来给大家演示一个汉字课堂教学的课件，思考几个问题：①如何实现汉字拼音、部首、笔顺和组词的多媒体展示方法？②如何设计汉字的课堂练习？

4.7.1　教学设计

表4-09　汉字教学设计示例

教学内容	汉字："你""我""他"教学			
教学对象	泰国华裔初学者			
1. 教学目标描述				
(1) 会认读汉字，会给汉字标注拼音。				
(2) 掌握汉字结构，了解汉字部首，掌握汉字笔画、笔顺，正确书写汉字。				
(3) 会使用汉字组词。				
2. 学习者分析				
汉语水平：HSK 1 级				
年龄：16～17 岁（孩子比较活泼，汉字教学既要直观形象又要有趣）				
母语情况：泰语，与汉字差异很大				
3. 学习内容				
知识点	字音	部首	笔顺	组词
你	√	√	√	√
我	√	√	√	√

（续上表）

他	√	√	√	√
4. 知识点媒体选择				
汉字知识点	文本	图像	音频	动画
拼音、读音	√		√	
部首		√		
笔顺				√
组词	√			
5. 知识结构				

```
            ┌──────┐
            │  汉字 │
            └──────┘
      ┌──────┬──┴───┬──────┐
   ┌──────┐ ┌──────┐ ┌──────┐ ┌──────┐
   │ 拼音 │ │ 组词 │ │ 部首 │ │ 笔顺 │
   ├──────┤ └──────┘ └──────┘ └──────┘
   │ 读音 │
   └──────┘
```

6. 练习设计

练习：请选择正确的答案。

1. "他"一共有＿＿＿画，部首是＿＿＿。
　　5. イ ✓　　6. 也 不对哦！
2. "、"是"我"的第＿＿＿画。
　　6 不对哦！　　7 ✓

4.7.2   素材准备

（1）文本素材。

（2）音频素材（"你""我""他"读音，数据格式 WAV）。

（3）图像素材（汉字部件—尺寸为 200 * 200 像素、练习反馈图标）。

（4）集成工具 PowerPoint。

4.7.3 系统设计与媒体集成

（一）汉字表的设计（第一张幻灯片）的制作步骤

设计汉字表（如图4−93）。

图4−93 汉字表

【步骤1】新建PPT，选中空白幻灯片模板。

【步骤2】添加文本框，输入汉字"你"，设置汉字字号为28，字体为楷体，文本框加框，填充白色。

【步骤3】对齐汉字表。设置"我""他"与"你"相同的属性，等距对齐三个汉字。

【步骤4】设置"练习"交互节点。

（二）汉字"你"知识呈现（第二张幻灯片）的制作步骤

设计"你"的知识点呈现和集成（如图4−94）。

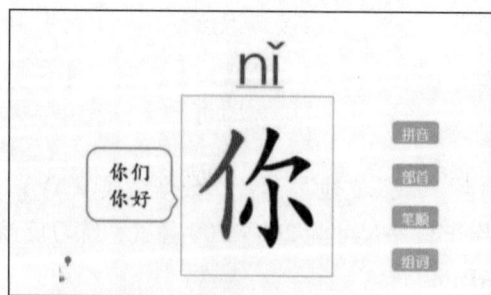

图4−94 "你"的知识点呈现和集成

【步骤1】设置第一张空白幻灯片。

【步骤2】设计汉字"你"，字号为180，字体为"华文楷体（或楷体）"，加框。

【步骤3】设计知识点导航。

点击 插入 — 形状 （ Insert – Shapes ），选择"圆角矩形"（如图4-95），然后选中圆角矩形，点击" 格式 （ Format ）"，在"形状填充（ Shape Fill ）"中选择合适的颜色。调整大小，输入"拼音"，复制三个相同的矩形框并全部选中，然后点击 格式 — 对齐 （ Format – Align ），选择"左对齐（ Align Left ）"—"纵向分布（ Distribute Vertically ）"（如图4-96），效果（如图4-97）。在每个圆角矩形内分别输入"拼音、部首、笔顺、组词"，字体设置为幼圆。

图4-95　左图

图4-96　中图

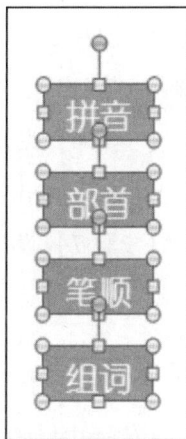

图4-97　右图

【步骤4】设计导航按钮"拼音"链接知识点拼音"nǐ"的呈现。

首先，使用 Microsoft Word 的拼音指南工具，直接复制拼音"nǐ"，将字体设置为华文细黑，居中，字号与汉字字号大小适合即可。接着设置拼音"nǐ"动画效果为"淡出"，并双击动画窗口，双击列表，选择"播放声音（ Play sound ）"—"其他声音（ Other Sound ）"，选择拼音"nǐ"的声音。点击 计时 （ Timing ）— 触发 （ Trigger ），设置触发对象"拼音"（如图4-98）。

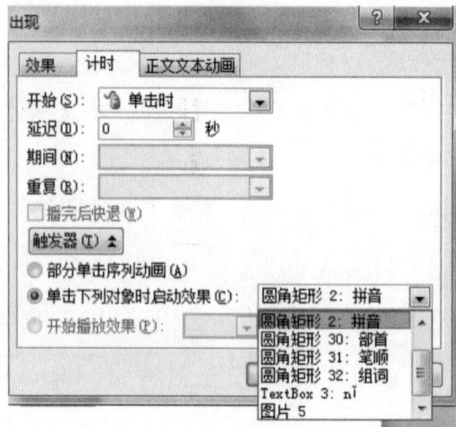

图4-98　放置触发对象

【步骤5】设计导航按钮"部首"链接知识点"你"的部首呈现。

首先导入部首图片，覆盖原来"你"字部首的位置。接着设置"你"部首图片动画为"淡出"。点击 触发 （ Trigger ），设置触发对象为"部首"。

【步骤6】设计导航按钮"笔顺"链接知识点"你"的笔顺呈现。选中导航条中的"笔顺"，点击 插入 — 超链接 ，链接外部文件"你.swf"。

【步骤7】设计导航按钮"组词"链接"你好"和"你们"的组词呈现。设置"你好""你们"文本框，点击"你好""你们"文本框，设置动画为"淡出"。点击 触发 （ Trigger ），设置触发对象为"组词"。

【步骤8】检验交互。播放幻灯片，检验各张幻灯片的交互。

应用相同方法制作第三张和第四张幻灯片，我们看看设置好的效果。

图4-99　第三张幻灯片

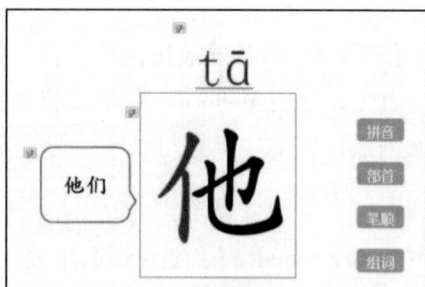

图4-100　第四张幻灯片

（三）练习的设计（第五张幻灯片）的制作步骤

【步骤1】创设问题。

逐一设计文本框，文本框中字体、字号设置同上。导入声音，插入声音图标，执行菜单命令 插入—图形 （Insert - Shape），输入题目和作答选项（如图4-101）。

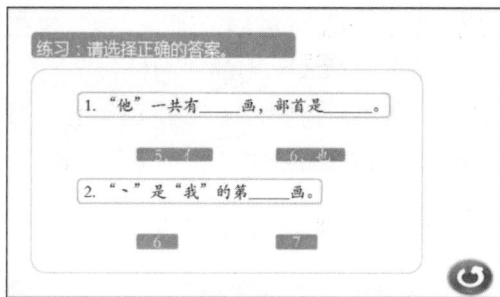

图4-101 输入后效果图

【步骤2】创设正确反馈和错误反馈。

以第一题为例。

执行菜单命令 插入—图片 （Insert - Picture），插入"√"的反馈图片（如图4-102）。执行菜单命令 动画—添加动画—出现 （Animations - Add Effect - Appear）。双击动画小窗口，设置动画对话框，点击 计时 （Timing），将 开始时间 （Start）设置为 单击时 （On Click），将 触发器 （Triggers）设置为 单击下列对象时启动效果 （Start Effect on click of），在下拉菜单中选择"TextBox 5：亻"。

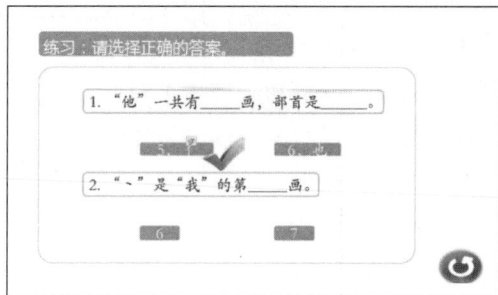

图4-102 插入"√"的反馈图片

用以上相同方法设置"错误反馈"。

【步骤3】测试课件第二张幻灯片。

单击菜单 放映幻灯片 （ Show Slide ），尝试应答第一题。

【步骤4】用【步骤2】相同方法逐一设置第二题。

（四）设置链接，通过生字表链接各张幻灯片

【步骤1】"你"链接第二张，"我"链接第三张，"他"链接第四张，"练习"链接第五张。选中"你"，点击菜单"插入"中的"超链接"，在"插入超链接"对话框中选择"本文档中的位置"，找出所需链接的"本文档中的幻灯片"第二页（如图4-103），最后，点击"确定"按钮。用相同方法设置"我""他"和"练习"的链接。

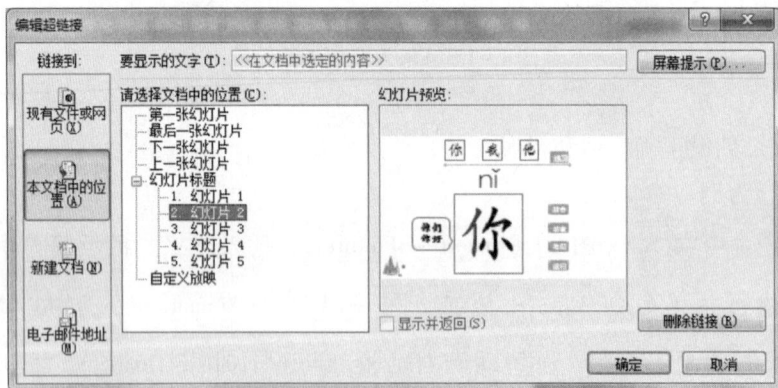

图4-103　插入超链接

【步骤2】复制汉字表到第二张、第三张、第四张，调整位置。

【步骤3】插入练习返回按钮，设置返回到第一页。

【步骤4】检验交互。播放幻灯片，检验各张幻灯片的交互。

本小节学习了汉字拼音、部首、笔顺和组词的多媒体展示方法及汉字的课堂练习设计，我们可以根据教学需要自己设计与制作汉字教学课件。

【思考与练习】

1. 选取汉字知识点，进行汉字教学课件的设计与制作。

2. 根据汉字教学内容，设计多媒体汉字练习。

4.8　词语课件的设计与制作示范

【学习目标】

1. 掌握词汇课件中展示词音、词形和词义的方法。
2. 掌握课件的母版设计。
3. 掌握词语课件中的练习设计。

导人

我们先来给大家演示一个词语课堂教学的课件，思考以下问题：怎样设计课件的模板？如何展示词语知识点和设计词语的课堂练习呢？

4.8.1　教学设计

表 4-08　词汇教学设计示例

教学内容	《体验汉语》高中学生用书第一册第六课"我的家""热身"模块的词语
教学对象	15～18 岁的华裔高中学生初学者
1. 教学目标描述	
（1）识记：正确认读和书写词语。 （2）理解：正确理解词义。 （3）应用：在具体情境中准确运用词语。	
2. 学习者分析	
华文水平：初学者。 语言背景：母语为非华语，但具有一定华语基础。	

（续上表）

3. 学习内容				

知识点	词音	词形	词义
椅子	√	√	√
书柜	√	√	√
床	√	√	√
灯	√	√	√
沙发	√	√	√

4. 知识点媒体选择				

知识点		文本	图像	音频
词	词音	√	√	
	词形	√		
	词义	√	√	

5. 知识结构

词语 → 拼音 读音 | 词语书写 | 词语意义

6. 练习设计

练习：看图，请选择正确的选项。

2. 这是一张 _____。

椅子 ✗   床 ✗   沙发 ✓

4.8.2 素材准备

（1）文本素材。

（2）音频素材（"椅子""书柜""床""灯""沙发"读音，数据格式 WAV）。

（3）图像素材（"椅子""书柜""床""灯""沙发"的图片及练习反馈图标）。

（4）集成工具 PowerPoint。

4.8.3 系统设计与媒体集成

在以上例子中，我们发现每个知识点均是呈现在相同的板式中（如图 4 - 104）。通过母版完成这些相同板式且无人机交互部分。在课件的制作中，为了更好实现界面的一致性，建议大家应用母版的设计。

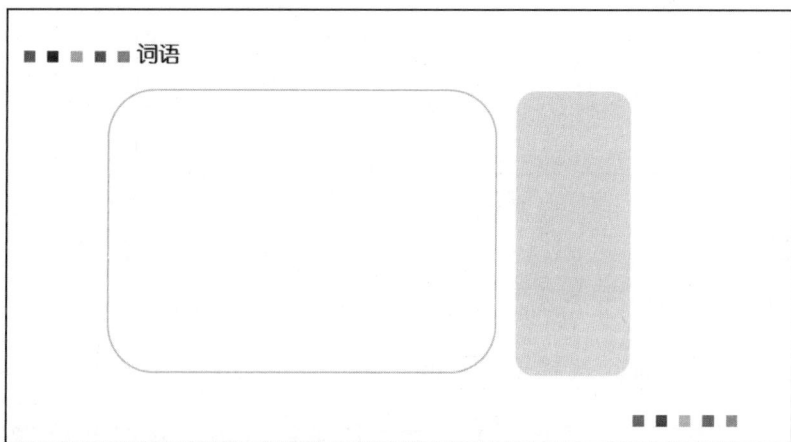

图 4 - 104　课件母版设计

（一）母版设计的制作步骤

【步骤 1】新建一个 PowerPoint 文档。

【步骤 2】设计新模板。单击 视图 — 幻灯片母版 （ View - Slide Master ），进入母版编辑（如图 4 - 105）。选中第二张幻灯片原有母版，删除原有模式。首先设置知识点呈现区域和导航条区域。单击 插入 — 形状 （ Insert - Shapes ），选择"圆角矩形"，调整大小，格式设置如下：选择"形状填充（ Shape Fill ）"为"无填充颜色（ No Fill ）"，"形状轮廓（ Shape Outline ）"为"浅蓝色（ Light blue ）"，操作同上。

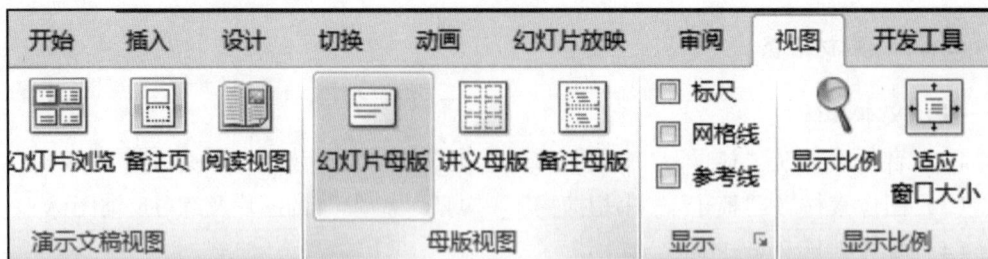

图 4 - 105　母版编辑

图 4 - 106　设计区域

【步骤3】装饰课件。单击 插入 — 形状 （ Insert – Shapes ），选择"矩形"，鼠标指针变为"＋"。同时按键盘"shift"键，插入五个小正方形，点击 格式 （ Format ）— 顶端对齐 （ Align Top ）— 横向分布 （ Distribute Horizontally ）— 组合 （ Group ）（如图 4 - 107）。

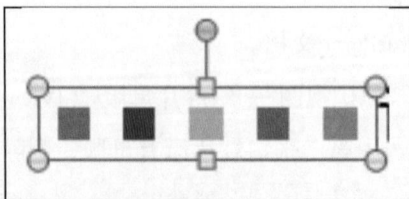

图 4 - 107　课件装饰

复制顶端标题区。按快捷键 Ctrl + V 粘贴，然后在顶端插入词语文本框输入"词语"二字，字体幼圆，字号 28，加粗（如图 4 – 108）。

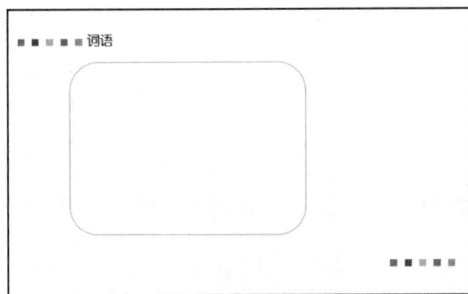

图 4 – 108　插入顶端标题区

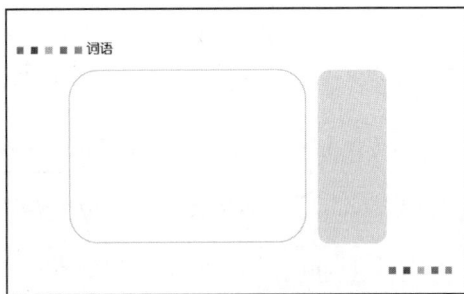

图 4 – 109　插入导航栏效果

【步骤 4】"关闭模板视图（ Close Master View ）"。通过以上标题栏、导航栏和内容区的设计，幻灯片模板制作完成，"保存"（ Save ）并"关闭模板视图（ Close Master View ）"，如图 4 – 110，返回到幻灯片视图。

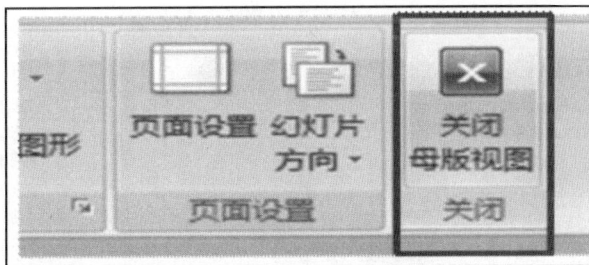

图 4 – 110　关闭母版视图

（二）第一张幻灯片的制作

【步骤 1】知识点的呈现。我们以词语"椅子"为例，插入图片（词义）。点击 插入 — 图片 （ Insert – Picture ），在弹出的"插入图片（ Insert Picture ）"对话框中，选取要插入的图片"椅子 . jpg"。

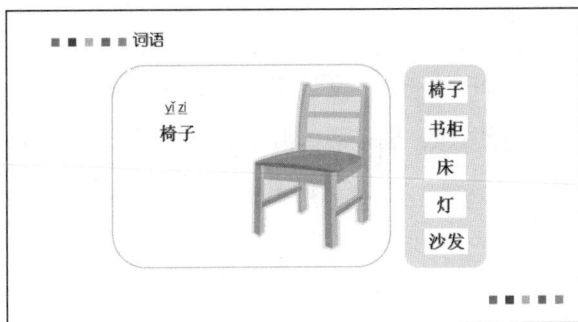

图 4 – 111　插入"椅子"图片

【步骤2】设置文本"yǐ zi"与"椅子"文本的组合的动画,并嵌入音频。

插入文本框(Text Box),输入"椅子",字号为28,选择恰当的字体,调整恰当位置。可以从 Microsoft 复制标注的拼音"yǐ zi",设置属性。

选择"椅子"和"yǐ zi",设置组合的动画。点击"动画(Animation)"—"出现(Appear)",在动画窗口中,选取"声音(Sound)"—"其他声音(Other sound)",即从文件中选取要插入的音频"椅子.wav"(如图4-112)。设置"计时(Timing)",单击"触发器(Triggers)","选择下列对象时启动效果"(Start effect on click of)",选择"图片"作为触发器。

图4-112 插入"椅子"读音   图4-113 触发器设置

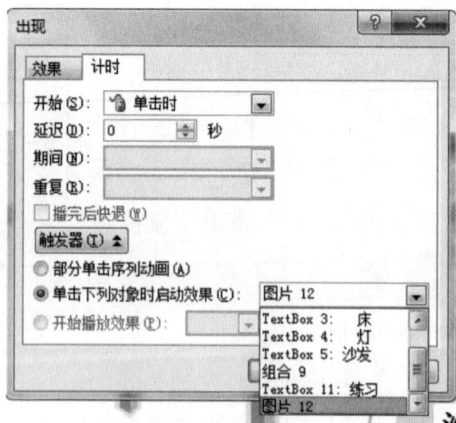

用相同的方法,制作第二、三、四、五张幻灯片,完成词语"书柜""床""灯"和"沙发"知识呈现。

(三)练习设计的制作步骤

【步骤1】创设问题。如下图逐一设计文本框,文本框中字体设置同上。导入声音(Sound),插入声音图标,执行菜单命令插入—图形(Insert - Shape),输入题目和作答选项,插入"椅子"图片(如图4-114)。

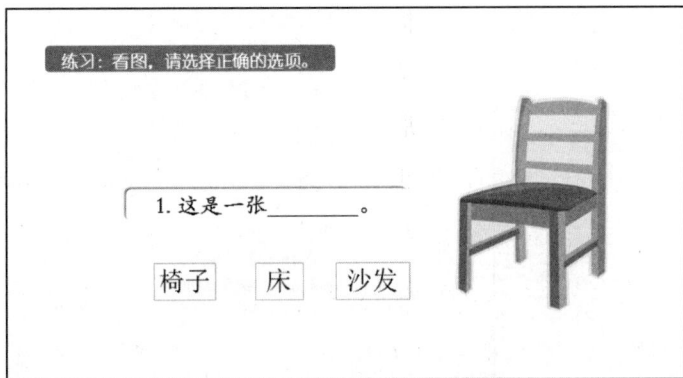

图4-114　插入题目和作答选项

【步骤2】创设正确反馈和错误反馈。以第一题为例，插入反馈图标。执行菜单命令 插入—图片（Insert – Picture），插入"√"的反馈图片（如图4-115）。

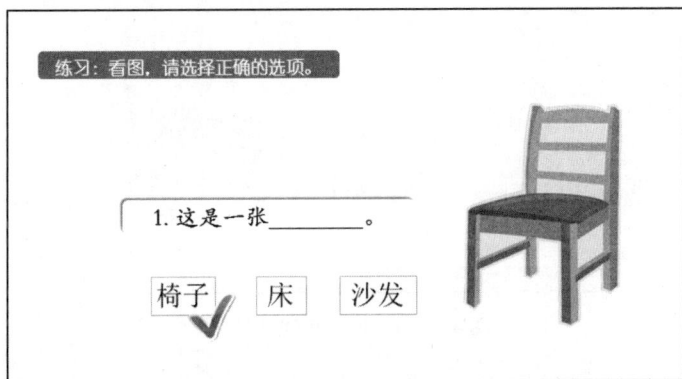

图4-115　插入正确反馈图标

【步骤3】设置反馈触发器。执行菜单命令 动画—添加动画—出现（Animations – Add Effect – Appear），双击动画小窗口，设置动画对话框，点击 计时（Timing），将 开始时间（Start）设置为"单击时（On Click）"，将 触发器（Triggers）设置为"单击下列对象时启动效果（Start Effect on click of）"，在下拉菜单中选择"TextBox：椅子"。

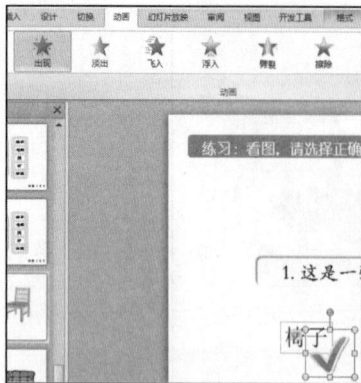

图 4 – 116 设置动画效果

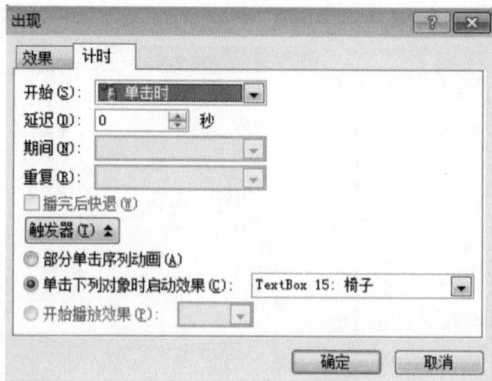

图 4 – 117 设置动画触发器

用以上相同方法设置"错误反馈"（如图 4 – 118）。

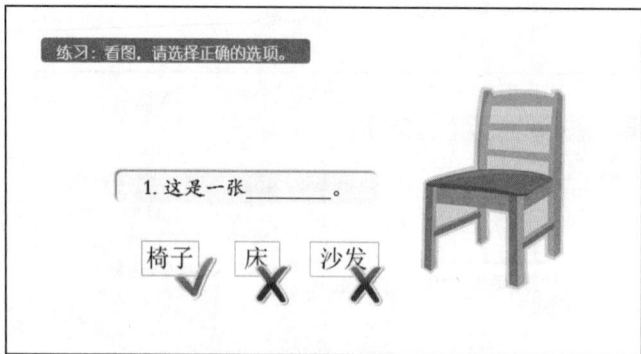

图 4 – 118 设置错误反馈

（四）设计导航、超链接

【步骤1】制作知识点导航条。执行
插入—文本框（Insert – Text Box）
命令，在导航栏中绘制文本框并调整
大小。输入词语"椅子"，将字体格
式设置为宋体，18 号，居中，加粗。
将文本框填充为"白色"，如右图。

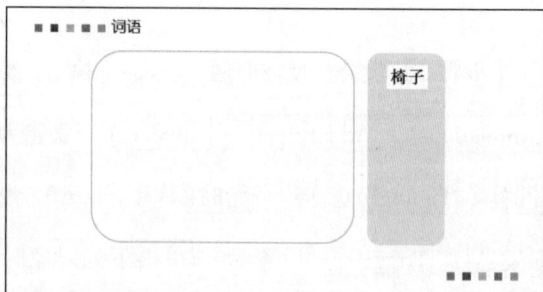

图 4 – 119 在导航条插入椅子文本框

按照相同的方法，依次设计其他词语："书柜""床" "灯" "沙发" （如图
4 – 120）。

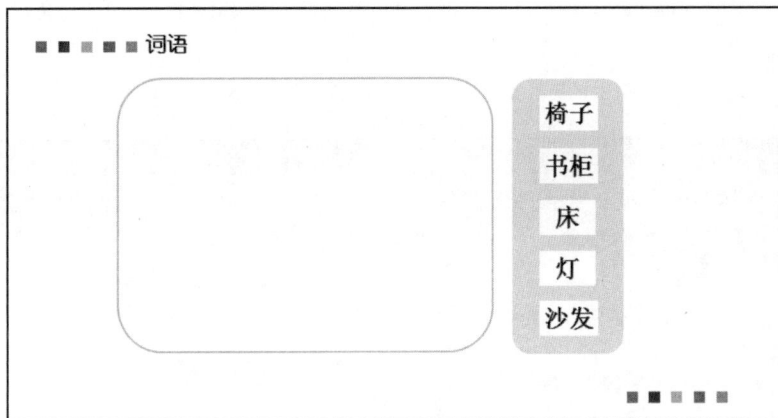

图 4 – 120　词语导航

选中所有词语，设置 格式 — 对齐 （ Format – Align ），选择"对齐所选对
象"—"纵向分布（ Distribute Vertically ）"，效果如图 4 – 121 所示：

图 4 – 121　词语导航对齐

【步骤 2】设置超链接。选取导航栏文本框"椅子",点击 插入 — 超链接 （ Insert – Hyperlink ），在弹出的窗口中选择"本文档中的位置 （ Place in This Document ）"—"第一张幻灯片（ First Slide ）",单击 确定 （ OK ） （如图 4 – 122）。

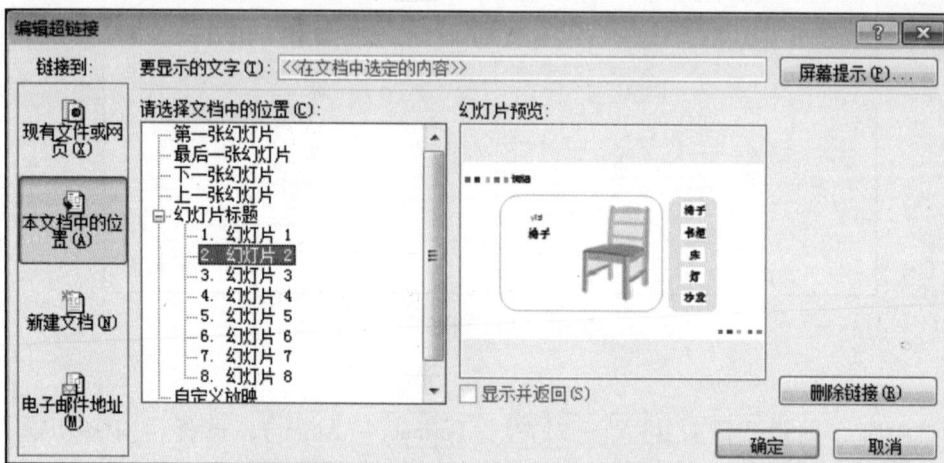

图 4 – 122　链接为"第二张幻灯片"

并按以下节点与链接目标进行链接。

椅子 ——幻灯片第一张

书柜 ——幻灯片第二张

床 ——幻灯片第三张

灯 ——幻灯片第四张

沙发 ——幻灯片第五张

练习 ——幻灯片第六张

"练习返回"——幻灯片第一张

【步骤3】检验交互。播放幻灯片,检验各张幻灯片的交互。

按照相同的方法,依次制作词语"书柜""床""灯""沙发"的文本、图像、音频的集成,以及练习设计的正确、错误反馈（如图 4 – 123、4 – 124）。

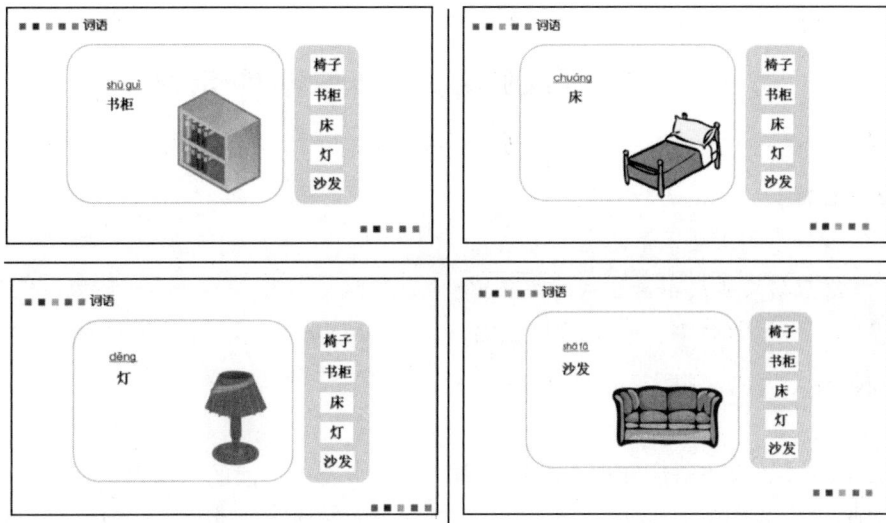

图 4 – 123 幻灯片课件效果图

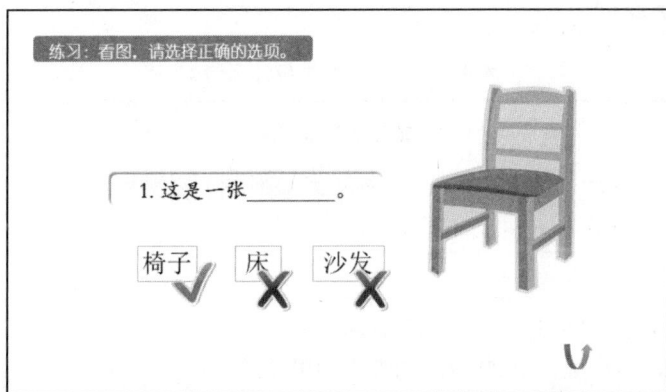

图 4 – 124 "练习"插入超链接效果

本小节学习了词汇课件中展示词音、词形和词义的方法，课件的母版设计和词语课件中的练习设计，我们可以根据教学需要自己设计与制作词汇教学课件。

【思考与练习】

1. 选取一节课文，进行词汇教学课件的设计与制作。

2. 根据词汇教学内容，设计多媒体词语练习。

3. 运用母版设计和超链接导航，整体风格要统一。

4.9 语法点课件的设计与制作示例

【学习目标】

1. 掌握应用图形展示语法点的方法。
2. 掌握应用动画展示语法点的方法。

导入

我们都知道，汉语语法知识点难教、难学。先来看看下面的语法点，你会如何呈现呢？这节课，我们以"'把'字句与'被'字句的转换""'既然''即使''虽然'与'如果'的区别""'之间''之内'与'中间'的区别"为例。

4.9.1 教学设计

表4-09 语法教学设计示例

教学内容	（1）"把"字句与"被"字句的转换。 （2）"既然""即使""虽然"与"如果"的区别。 （3）"之间""之内"与"中间"的区别。
1. 教学目标描述	
（1）正确掌握"把"字句转换"被"字句的方法。 （2）会区别"既然""即使""虽然"与"如果"的用法。 （3）会区别"之间""之内"与"中间"的用法。	
2. 学习内容	
（1）"把"字句转为"被"字句的方法。 （2）"既然""即使""虽然"与"如果"的区别。 （3）"之间""之内"与"中间"的区别。	
3. 知识点媒体选择	

知识点	文本	图形
语法	√	√
	√	√

4.9.2 素材准备

表 4-10 语法点课件素材设计示例

文本素材	
语法点	例句
1. "把"字句与"被"字句的转换	小明把苹果吃了。 苹果被小明吃了。
2. "既然""即使""虽然"与"如果"的区别	既然下雨，我就不去了。 如果下雨，我就不去了。 虽然下雨，但我还是要去。 即使下雨，我也要去。
3. "之间""之内"与"中间"的区别	之间 下月1号到5号之间报名。 人数最好在10人到15人之间。 图书馆在教学大楼和科学馆之间。 两国之间/师生之间/夫妻之间。 之内 随身行李限制在20公斤之内。 5天之内都可以报名。 围墙之内都要打扫。 中间 相片上左边是我爸爸，右边是我妈妈，中间是我奶奶。 上半场比赛进行了40多分钟，中间暂停了3次。 会议室中间摆了一个大圆桌。 你们班的同学中间谁唱歌唱得最好？

4.9.3 系统设计与媒体集成

语法点1："把"字句变成"被"字句

【步骤1】展示"把"字句。

（1）在 PowerPoint 中，插入文本框。

（2）输入文本"小明把苹果吃了"（注意句号也要包含在内）。

（3）字体为宋体，字号为32。其中，"小明"设置为绿色，"苹果"设置为红色，文本框的边框颜色为蓝色（如图4-125）。

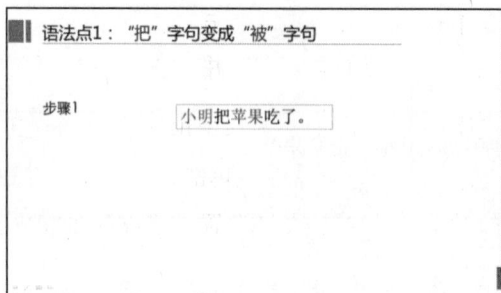

图4-125　插入文本框

【步骤2】展示"把"字句变成"被"字句。

（1）插入两个文本框（如图4-126），分别输入"小明"和"苹果"，并确保它们与步骤一的文本框"小明把苹果吃了"中的"小明"和"苹果"文本格式一致（即字体、字号、颜色、位置相一致）。

（2）插入文本框，输入"被""吃了"（注意包含句号），字体为宋体，字号为32，文本框的边框颜色为蓝色。其中，"被"字的位置与"小明把苹果吃了。"中的"把"字相对应，"吃了。"与"吃了。"相对应。

（3）插入形状—"箭头"，调整大小和颜色，放置在"把"字的下方并指向"被"字所在位置。

（4）插入形状—"矩形"。在"格式"中将其设置为"无填充颜色"，形状轮廓颜色为"红色"，线条为"虚线"。设置完成之后，选中虚线框，移到"被"字那里，确保虚线边框把"被"字包围起来。

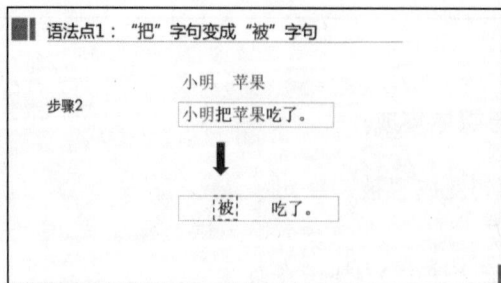

图4-126　插入多个文本框及虚线框效果

【步骤3】动态展示"把"字句变成"被"字句。

（1）移动"小明"和"苹果"两个文本框，使其与"小明把苹果吃了。"文本框中的对应内容完全重合在一起（如图4-127）。

（2）设置"苹果"文本框的动画效果。首先，选中"苹果"文本框，在"动画"中选择"添加动画"中的"其他动作路径"，并在弹出的对话框中选择"对角线右下"，就可以看到如图所示的红色箭头 ，选中箭头之后可以调整它的长度和位置（箭头的线条显示的是动画路径）。此时，我们将箭头调整至"被"字的左侧。

（3）设置"小明"的动画效果。方法与设置"苹果"的动画相一致，需要注意的是，箭头位置要调整到"被"字的右侧。

以上两个动画效果设置完成后，我们可以点击"从当前幻灯片开始播放"，检验一下效果是不是合适的。

（4）设置形状—"箭头"的动画效果。如图4-127，选中事先插入的形状—"箭头"，设置"动画"—"擦除"效果。

（5）设置红色虚线框的动画效果。选中虚线边框，设置"动画"—"轮子"效果。

（6）设置"被"字动画效果。首先，确保选中"被"字的文本框，然后设置"动画"—"出现"效果。

（7）设置"吃了。"的动画效果。首先，选中"吃了。"文本框，然后设置"动画"—"淡出"效果。

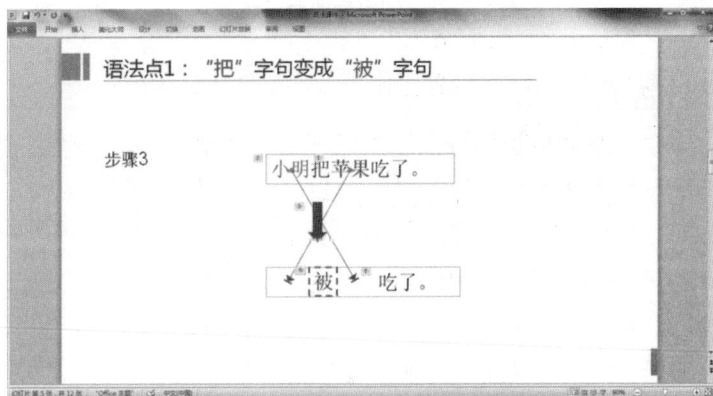

图4-127　各个动画顺序及效果

以上动画全部完成后，点击"从当前幻灯片开始播放"，检验一下效果，看看是否如图所示。

语法点2："既然""即使""虽然"与"如果"

A.既然下雨，我就不去了。　　B.如果下雨，我就不去了。

C.虽然下雨，但我还是要去。　　D.即使下雨，我也要去。

【步骤1】设定语法点展示区域。新建幻灯片，如图4-128所示，分别插入两个形状—线条，一长一短、一横一纵，调整合适的长度和位置之后，将其组合在一起。

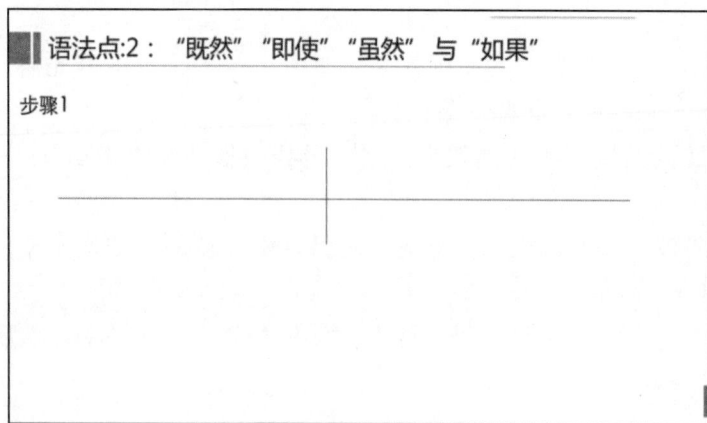

图4-128　调整后的两条线

【步骤2】四个语法点的展示。

（1）插入文本框。在对应位置分别输入以下四个文本："A. 既然下雨，我就不去了。""B. 如果下雨，我就不去了。""C. 虽然下雨，但我还是要去。""D. 即使下雨，我也要去。"使其分布在线条划分的四个区域（如图4-132）。

（2）设置文本A和B的动画效果。需要注意的是，由于这四个文本内容属于同一个文本框，所以，可以同时选中A和B的完整内容，一定要确保所选择的是文本内容而不是整个文本框。然后，设置"动画"—"百叶窗"效果。

（3）设置文本C和D的动画效果。同上，选中C和D的完整内容，设置"动画"—"百叶窗"效果。

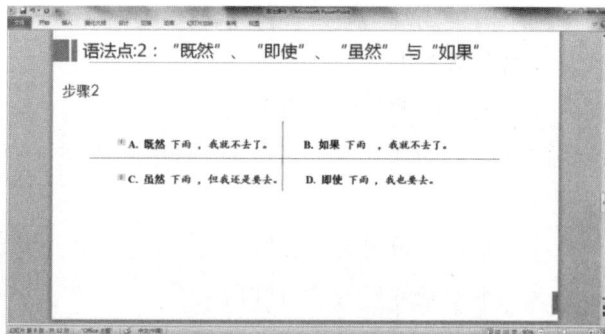

图4-129　文本内容及例句的动画顺序

　　设置完成后，点击"从当前幻灯片开始播放"，检验一下效果，看看 A 和 B 的内容是否会同时出现。同样也可以看到 C 和 D 的内容出现的效果。

【步骤3】四个语法点的区别要点。

（1）插入六个文本框。分别输入相应内容，它们是"事实""下雨下雨""假设""下雨下雨""不转折""转折"，如图4-130所示，我们要注意如下问题：

①"事实"文本框要位于"A. 既然下雨，我就不去了。"中"下雨"的正上方。而"假设"文本框则应移动至"B. 如果下雨，我就不去了。"中"下雨"的正上方。

②第一个"下雨下雨"要位于线条左侧，且两个"下雨"分别覆盖 A 和 C 例句中的"下雨"，而且不能与上方的"事实"文本框重叠。

③第二个"下雨下雨"要位于线条右侧，且两个"下雨"分别覆盖 B 和 D 例句中的"下雨"，而且不能与上方的"假设"文本框重叠。

④"不转折"文本框要移动至线条上方，即 B 例句的右侧。

⑤"转折"文本框要放置在线条的下方，即 D 例句的右侧。

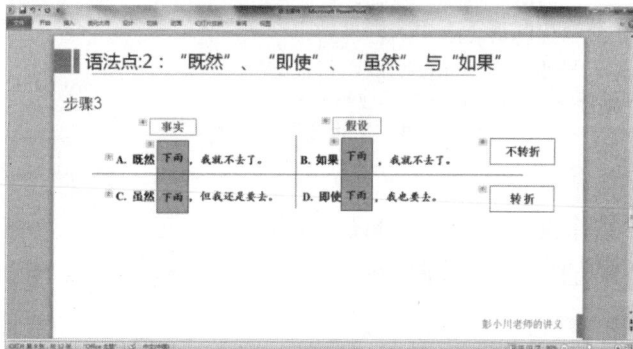

图4-130　各个文本框的对应位置

（2）设置左侧"下雨下雨"的动画效果。首先，选中左侧"下雨下雨"文本框，在"动画"中选择"百叶窗"效果。

（3）设置"事实"文本框动画效果为"百叶窗"。

（4）设置右侧"下雨下雨"的动画效果。首先，选中右侧"下雨下雨"文本框，在"动画"中选择"百叶窗"效果。

（5）设置"假设"文本框动画效果为"百叶窗"。

（6）设置"转折"文本框动画效果为"百叶窗"。

（7）设置"不转折"文本框动画效果为"百叶窗"。

以上设置完成之后，点击"从当前幻灯片开始播放"，检验一下效果如何。

语法点3："之间""之内"与"中间"

【步骤1】语法点"之内"的展示。

插入三个文本框，分别输入"之间""之内"和"中间"的例句，突出关键词。并且把每一例句中的"之间""之内"与"中间"三个词语设置为"蓝色"。效果如下面三个图：

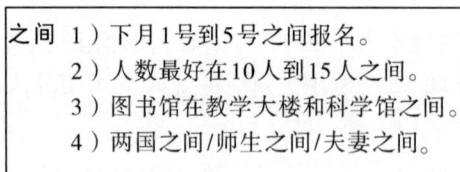

之间　1）下月1号到5号之间报名。
　　　　2）人数最好在10人到15人之间。
　　　　3）图书馆在教学大楼和科学馆之间。
　　　　4）两国之间/师生之间/夫妻之间。

图4-131　"之间"例句格式

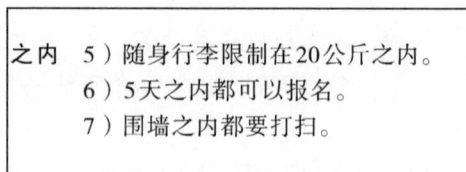

之内　5）随身行李限制在20公斤之内。
　　　　6）5天之内都可以报名。
　　　　7）围墙之内都要打扫。

图4-132　"之内"例句格式

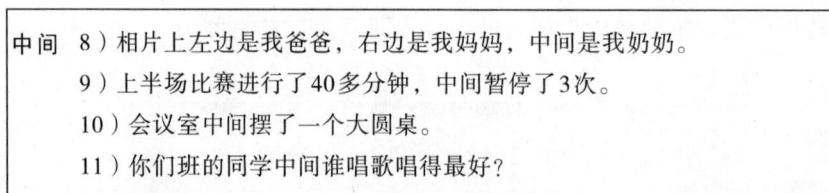

中间　8）相片上左边是我爸爸，右边是我妈妈，中间是我奶奶。
　　　　9）上半场比赛进行了40多分钟，中间暂停了3次。
　　　　10）会议室中间摆了一个大圆桌。
　　　　11）你们班的同学中间谁唱歌唱得最好？

图4-133　"中间"例句格式

【步骤2】制作各个例句图示，并且设置动画。

（1）插入一条横直线，在直线两端插入两条短竖直线。两条短竖直线颜色设置为红色，在 形状轮廓 — 粗细 中设置为3磅，最后三条直线组合。组合图放在"之间"句子的右侧（如图4-134）。

设置"之间"句子文本框为"出现"动画效果，直线组合设置为"百叶窗"动画效果。

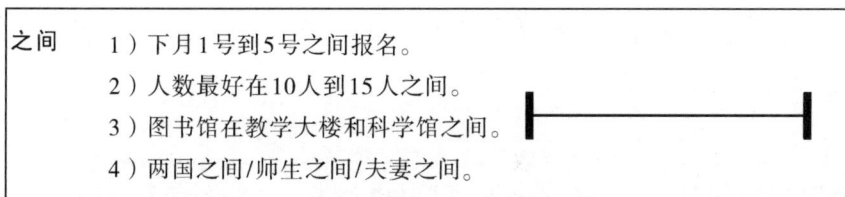

之间　　1）下月1号到5号之间报名。
　　　　2）人数最好在10人到15人之间。
　　　　3）图书馆在教学大楼和科学馆之间。
　　　　4）两国之间/师生之间/夫妻之间。

图4-134　"之间"图示效果

（2）插入直线，在直线右端插入一条短竖直线。短竖直线颜色设置为黑色，在 形状轮廓 — 粗细 中设置为3磅。然后把竖直线和横直线组合。插入形状"左大括号"，设置 形状填充 — 无颜色填充 ，并且 旋转 — 向右旋转90° ，把括号放在横直线上方，调整长度与横直线一致。最后，把括号和直线放在"之内"句子右侧（如图4-135）。

"之内"句子文本框设置为"淡出"。然后，先设置直线组合，再设置括号，效果都为"百叶窗"。

之内　　5）随身行李限制在20公斤之内。
　　　　6）5天之内都可以报名。

图4-135　"之内"例句图示一

（3）插入五条方向相同的斜直线，并组合。插入形状"椭圆"，调整位置大小，把五条直线囊括在椭圆中。最后放在"之内"句子的最右侧（如图4-136）。

先设置椭圆，再设置斜线组合，动画效果都为"百叶窗"。

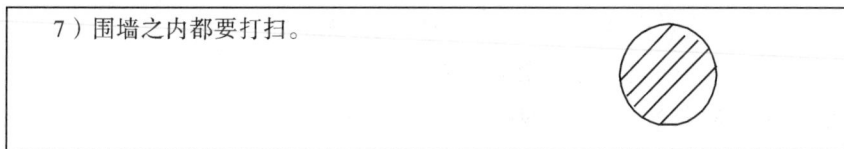

7）围墙之内都要打扫。

图4-136　"之内"例句图示二

（4）插入一条横直线，在横直线两端插入两条短竖直线，并组合。在直线中间再插入一条短竖直线，颜色设置为红色，形状轮廓—粗细中设置为 3 磅。放在例句"8)"右侧（如图 4 - 137）。

"中间"句子文本框动画效果为"淡出"。然后先设置直线组合，再设置红色短竖直线，动画效果都是"百叶窗"。

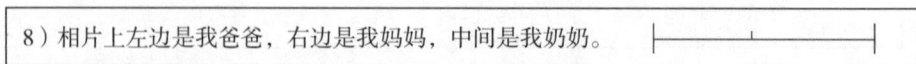

8）相片上左边是我爸爸，右边是我妈妈，中间是我奶奶。

图 4 - 137　"中间"例句图示一

（5）插入一条横直线，在横直线两端插入两条短竖直线，并组合。在直线中再插入三条短竖直线，颜色设置为红色，形状轮廓—粗细中设置为 3 磅。放在例句"9"右侧（如图 4 - 138）。

先设置直线组合的动画效果，再依次分别设置三条红色短竖直线。动画效果都为"百叶窗"。

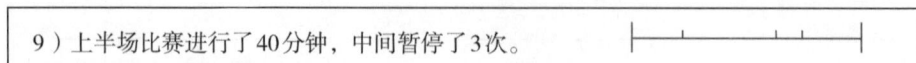

9）上半场比赛进行了40分钟，中间暂停了3次。

图 4 - 138　"中间"例句图示二

（6）插入椭圆形状。在椭圆中心插入短竖直线，颜色设置为红色，形状轮廓—粗细中设置为 3 磅。放在例句"10)"右侧（如图 4 - 139）。

先设置椭圆动画效果，再设置红色短竖直线，动画效果都为"百叶窗"。

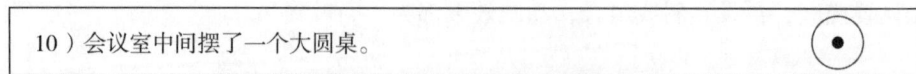

10）会议室中间摆了一个大圆桌。

图 4 - 139　"中间"例句图示三

（7）插入椭圆形状。在椭圆中心插入七条短竖直线，颜色设置为红色，形状轮廓—粗细中设置为 3 磅。放在例句"11)"右侧，效果图如图 4 - 140。

先设置椭圆的动画效果，再设置七条红色短竖直线同时出现，效果都为"百叶窗"。

11）你们班的同学中间谁唱歌唱得最好?

图 4 – 140　"中间"例句图示四

　　本小节学习了应用图形和图画展示语法点的方法，将语法知识点直观地呈现在教学课件，有利于帮助学生理解与学习。在教学中，我们也可以根据教学需要自己设计与制作语法教学课件。

【思考与练习】

1. 设计关联词"即使……也"的例句讲解，运用图形展示用法特点，效果如图：

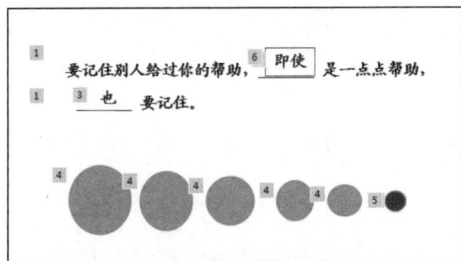

2. 选取一节课文，进行语法教学课件的设计与制作。

5　华文教育技术在课堂教学中的应用

5.1　华文教育技术支持华文课堂教学的一般方法

【学习目标】

1. 掌握技术支持下的华文课堂教学的一般流程和原则。
2. 通过示例理解华文教育技术在课堂教学中的应用。

导入

如何将华文教学技术合理高效地应用到课堂教学？这节课，我们通过案例与大家分享技术在华文课堂教学中"导入""知识讲解""练习""小结"等环节中的应用。

5.1.1　技术支持下的华文课堂教学的一般流程

技术支持下的华文课堂教学的一般流程包括"导入""知识讲解""练习""小结"和"作业布置"。

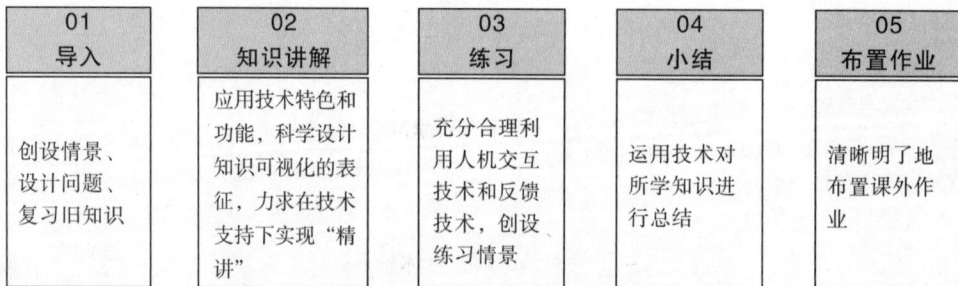

01 导入	02 知识讲解	03 练习	04 小结	05 布置作业
创设情景、设计问题、复习旧知识	应用技术特色和功能，科学设计知识可视化的表征，力求在技术支持下实现"精讲"	充分合理利用人机交互技术和反馈技术，创设练习情景	运用技术对所学知识进行总结	清晰明了地布置课外作业

图 5-01　技术支持下华文课堂教学的一般流程

（一）导入

合理应用与教学内容密切相关的媒体，创设情景、设计问题、复习旧知识、导入新知识等，能起到熟悉知识、激发学习兴趣、聚集学生注意力的作用，为讲解知识提供良好的心理、语言条件。

（二）知识讲解

知识讲解部分，应用技术特点和功能，精心进行教学设计，剖析教学重难点，科学设计知识可视化的表征，在技术支持下实现"精讲"，以达到理解知识、训练听说读写能力的目的。

（三）练习

技术可以为学习者营造"身临其境"的练习场景，华文教材中的字、词、句、语法、课文等内容的可视化呈现，便于学习者在生动逼真的华文语境中进行学习内容的记忆和巩固。充分合理利用技术，创设练习情景，在学习内容的基础上练习，可以强化听说能力。

（四）小结

运用技术对所学知识进行总结。

（五）布置作业

清晰明了地布置课外作业。

5.1.2 技术支持下的华文课堂教学的基本原则

（一）明确各种课型的教学目的，合理选择媒体

技术支持下更好地实现语言学习要完成两次"转化"，由语言知识转化为"听说读写"等语言技能，由语言技能转化为语言交际技能。

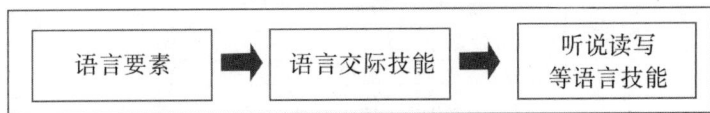

图 5-02　技术支持下语言学习的两次转化

（二）以学生为中心

深入了解学生，在课堂上充分发挥学生的主体作用，让学生广泛参与到教学活动中来。

（三）精讲多练

精讲：一是知识表征方面，对精挑细选的教学内容进行媒体设计；二是数字化教

学方法恰当，应用技术把内容讲深、讲透、讲清楚。

多练：技术创设语言训练环境，通过大量、反复、有效的练习掌握应巩固的知识和技能。

（四）多向互动

在技术的支持下进行精讲活练，华文课堂教学由以"教师"为中心转向以"学生"为中心，师生互动应贯穿于整个课堂教学活动的各个环节。

5.1.3　技术支持下的华文课堂教学方法及示例

（一）导入

（1）图片、文字应用相结合，创设问题。如以猜谜语"书包"导入"上学校"的教学。

（2）应用儿歌，创设情景。如"方向歌"导入"方位词语"的学习。

（3）应用图片，创设话题。如"活动项目"导入"假期活动"口语课的学习。

（4）应用视频，创设文化情景。如"京剧""舞狮""包饺子"等。

（5）应用练习，复习旧知识，导入新知识。

（二）知识讲解

（1）应用图像化文字，直观讲解汉字部件、结构、笔顺和汉字之间的联系。

图 5-03　图像化文字

（2）利用图解词义，直观明了地展示词义。

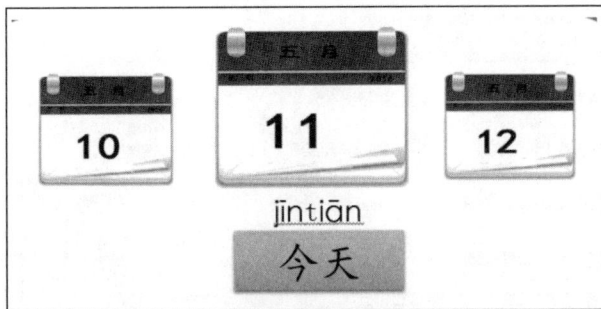

图 5 - 04　图解词义

（3）利用可视化方法，清晰明了地展示语法结构和用法。

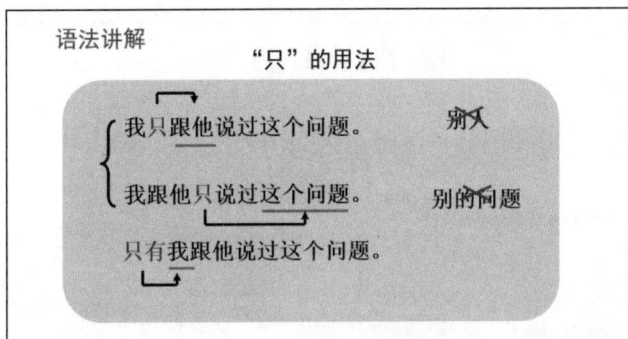

图 5 - 05　语法结构可视化①

（4）应用超链接方式，实现课文的领读、跟读，展现课文情景等，通过重点词语学习相关段落，通过衔接成分学习篇章。

（三）课堂练习

（1）创设多媒体练习情景。

---

① 彭小川的"虚词"讲义。

图 5-06　多媒体练习①

（2）采用多种练习形式进行"活练多练"。

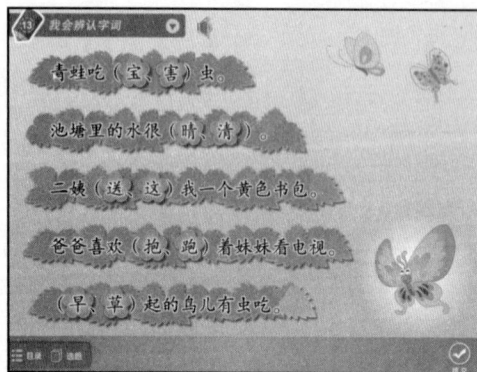

图 5-07　练习形式1②

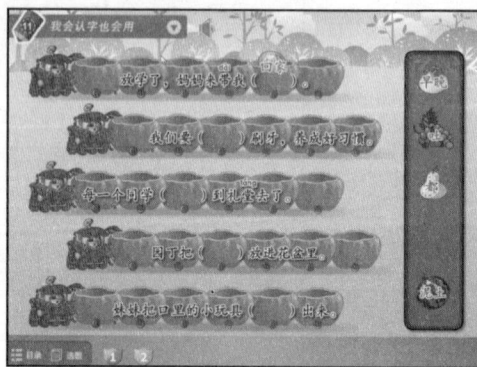

图 5-08　练习形式2③

（3）采用多种形式的反馈评价，鼓励学生参与练习和交流。

（四）小结和作业布置

采用多种媒体形式对教学内容进行小结和知识归纳。

---

①　创而新（中国）科技有限公司的《小学华文》。
②　创而新（中国）科技有限公司的《小学华文》。
③　创而新（中国）科技有限公司的《小学华文》。

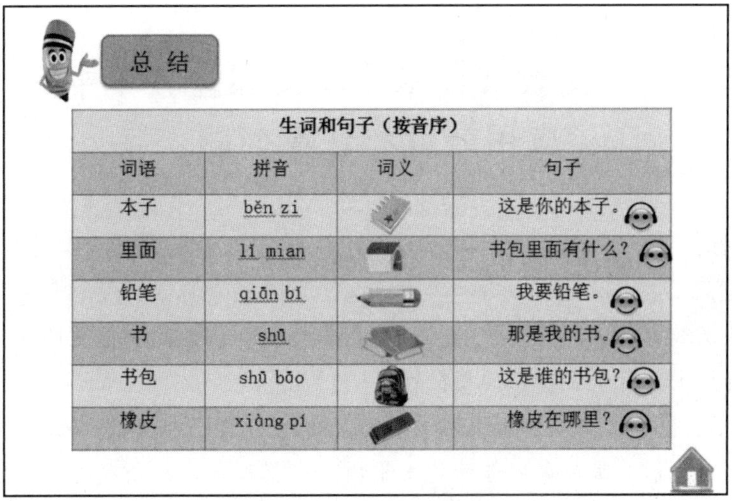

图 5-09　小结与归纳

【思考与练习】

1. 选择《中文》任意一册的一课内容，利用技术进行课文的导入、知识讲解、课堂练习、小结和作业布置的设计。

2. 你还能想出更好地运用技术进行华文课堂教学的方法吗？分享给大家吧！

5.2 华文教育技术在华文课堂教学中的应用效度和注意问题

【学习目标】

1. 通过学习教育技术在华文课堂生词教学、课文教学以及课堂练习等方面运用的实例，充分认识教育技术的恰当运用，对提高华文教学质量具有重要的作用，进一步提高运用教育技术进行华文教学的积极性。

2. 通过学习本讲内容，明确教育技术的运用要取得好的效果，必须针对所教知识的特点作精心的设计。掌握如何借助技术手段，有层次地展示所教的知识点，显示几个知识点的异同，将所教知识化抽象为具体，以及展示知识点内在的逻辑关系。

导入

华文教育技术应用于华文课堂教学，很好地帮助"导入""知识讲解""练习""小结"等环节的呈现和顺利开展。但要更好地促进华文教育技术与华文课堂的深度融合，还需要注意其应用效度和知识特点。

5.2.1 教育技术的运用有利于提高华文教学的效度[①]

（一）单个生词的教学方面

例如，教生词"一度"。如果我们只是给出解释和例句："一度：表示过去的一段时间。这场球赛，A队一度领先。"那么学生还是难以理解"一度领先"是什么意思。

而如果我们事先在课件上形象地展示数字标为不同色彩的两个表，就会吸引学生去注意并发现它们的不同。在老师的启发下，学生不难说出表1是"A队一直领先"。此时，老师再引出新知识，告知表2的情况就是"A队一度领先"。即这场球赛，A队一度领先。"一度"表示过去的一段时间（如图5-10）。

---

① 该节内容撰写人为彭小川。

```
一度  表示过去的一段时间
       这场球赛，A队一度领先。

   A队   B队          A队   B队
   5      0           0      5
   8      2           8      10
   15     7           15     12
   22     13          17     15
   28     19          18     21
   35     22          22     35
```

图 5-10　"一度"的图解释义

（二）整篇课文的生词教学方面

例如，针对某一篇课文的生词教学，有两种教法：①在课件上，一个页面教一个生词；②打乱顺序，按照语义场，在一个页面上先教"春天、夏天、秋天、冬天、季节"（如图 5-11）。

```
例：
  1）天气      6）下（雨）    11）春天     16）最
  2）冷        7）雪         12）夏天     17）游泳
  3）热        8）下（课）    13）秋天     18）凉快
  4）风        9）刮         14）冬天     19）郊游
  5）雨        10）季节      15）暖和     20）滑冰
```

图 5-11　按照语义场排列的生词

这两种教法各有好处，但就这一课而言，本课的生词很有特色，主要由天气、季节、活动三个语义场组成，而天气和活动又都跟季节有关。如果按上述两种教法，教学课件一页一页翻过去后，词语之间的纵横联系无法体现，不利于做综合的比较与口头练习。如何做到生词的逐个教学，但最终三个语义场的生词又能有机地统一呈现在一个页面上呢？利用多媒体技术可以实现。具体见如下五个环节：

（1）教季节语义场的生词。幻灯片上先呈现春、夏、秋、冬四幅图，它们对比鲜明，对此学生不难理解。接着对照图片教"春天"，用红色强调"日"字底。再按顺序依次教"夏天""秋天""冬天"。此时可以告诉学生，这就是"季节"。然后隐去四幅图（如图 5-12）。

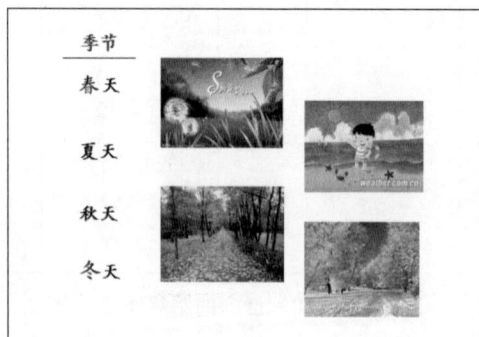

图 5-12　图片释义

（2）教天气语义场的生词"暖和""热""凉快""冷"，用不同色彩强调"暖"的"日"字旁，"热"的"火"字底，"凉""冷"以及"冬"中的两点水。

（3）按季节横向教学，与各个季节相关的生词都用图片导入，讲解完成之后图片又都隐去。

例如：春天会下春雨，"下雨"，人们喜欢"郊游"；夏天天气热，人们都爱"游泳"；冬天会"下雪""刮风"，孩子们喜欢"滑冰"。

以上采用的多种教育技术手段，形象地展示了该课生词的形、音、义。

（4）将最后三幅图隐去后，再补充课文生词表余下的两个生词"最"和"下课"。这样，呈现给学生的就是整个课文生词的语义关系图（如图 5-13）。

图 5-13　课文生词的语义关系图

（5）巩固所学生词。教师既可进一步隐藏拼音，帮助学生巩固生词的读音；又可以进行横向与纵向的综合训练。例如，纵向提问：一年有几个季节？学生回答"四个"。进一步提问哪四个？学生回答"春天、夏天、秋天、冬天"。横向提问：春天天气怎么样？人们爱进行什么活动？

利用多媒体技术大大节省了板书的时间，同时，学生可以用所学的生词成句、成段地表达，又能得到比较充分的高质量的训练，对他们理解、记忆并运用这堂课的生词有很多好处，还有利于培养他们成段表达的能力，教学效率的提高是可想而知的。

（三）课文教学方面

提问是课文教学中常用到的方法。要取得更好的效果，还要注意"问什么"和"怎么问"。例如，在《寒假你去哪儿旅行》这一课的某一段对话的教学中（如图5-14），有些教师会这样提问：田中打算先去哪儿？学生回答："西安。"老师又问：再到哪儿？答："重庆。"可以说，这样的练习，效果是不理想的。

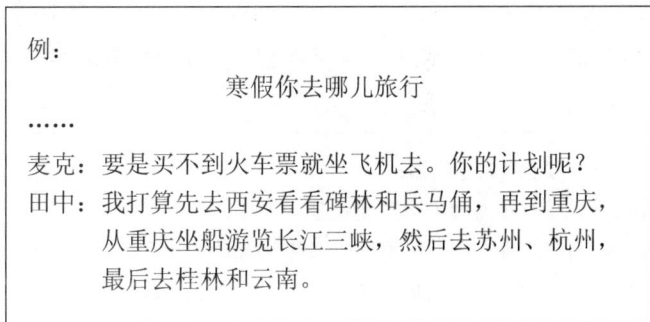

例：

寒假你去哪儿旅行

......

麦克：要是买不到火车票就坐飞机去。你的计划呢？

田中：我打算先去西安看看碑林和兵马俑，再到重庆，
　　　从重庆坐船游览长江三峡，然后去苏州、杭州，
　　　最后去桂林和云南。

图5-14 《寒假你去哪儿旅行》对话

显然，这段话更有训练价值的应该是连贯地用"先……再……从……然后……最后……"来说一段话。那么，有什么方法可以引导学生正确地使用这些表连接的词语进行成段的表达呢？

下面我们演示如何通过多媒体技术的手段逐步引导学生进行成段的表达（如图5-15）。

首先，在教学课件中呈现"西安""重庆""苏州""杭州"等城市的名称。

然后依次用箭头提示学生，让他们随着箭头所指明的地点和方向用恰当的连接词说出句子，每句说完后才出现连接词。例如，田中打算先去西安，看看碑林和兵马俑，再到重庆，从重庆坐船游览长江三峡，然后去苏州、杭州，最后去桂林和云南。

显然，采用多媒体技术手段，能更好地引导学生，培养他们成段表达的能力。

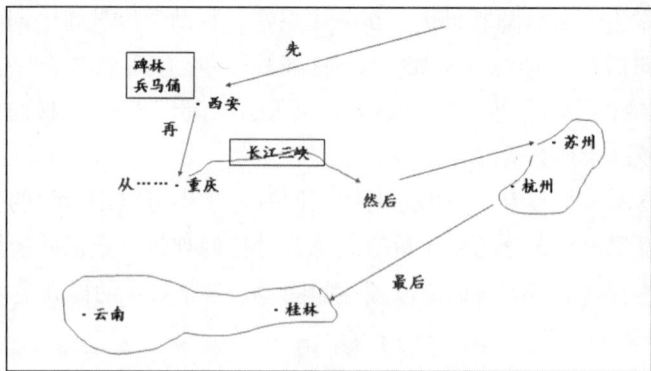

图 5 – 15　图片展示旅游路线

（四）课堂练习方面

华文教学的练习，除了拼音、汉字、生词、语法点的练习之外，还应重视成段表达能力的训练。其中一种训练形式是把几个句子组成一段话。这种训练使用教育技术来辅助教学，省时又直观，效果也很好。如图 5 – 16 所示的一组句子。

> 例：请把下列句子组成一段话：
> ① 近年来，自行车在发展中国家受欢迎。
> ② 近年来，自行车在美国、日本和德国等发达国家很时兴。
> ③ 自行车适应大多数人的消费水平。
> ④ 自行车具有轻便的优点。
> ⑤ 自行车具有占地面积小的优点。
> ⑥ 自行车具有避免环境污染的优点。
> ⑦ 自行车具有有利于锻炼身体的优点。

图 5 – 16　成段表达练习例句

可以启发学生先将这组句子分为两部分，并且分析两部分之间的关系：前面两句是结果，后面五句是原因，然后逐步合并相关的句子。具体过程如下图 5 – 17 所示：

首先，合并前两句，将第一句的句号改为逗号，再将第二句相同的词语"近年来，自行车"略去，并向学生提问："受欢迎"前加上什么词才能将两句话连接得更好？学生回答：用"也"，在美国、日本和德国等发达国家也很时兴。

接着，引导学生说出结果和原因这两部分中最关键的连接性词语"这是因为"。

最后，连接表示原因的后五句。引导学生在连接的过程中将相同的词语略去，再补充必要的连接词。

以上步骤完成之后，我们得到最终的完整句子：自行车适应大多数人的消费水平，而且具有轻便、占地面积小、避免环境污染以及有利于锻炼身体等优点。

4. 课堂练习方面

例：请把下列句子组成一段话：

近年来，自行车在发展中国家受欢迎，

在美国、日本和德国等发达国家很时兴。
这是因为＿＿＿＿＿＿＿＿＿＿

自行车适应大多数人的消费水平，

而且具有轻便的优点、

占地面积小、

避免环境污染 以及

有利于锻炼身体等优点。

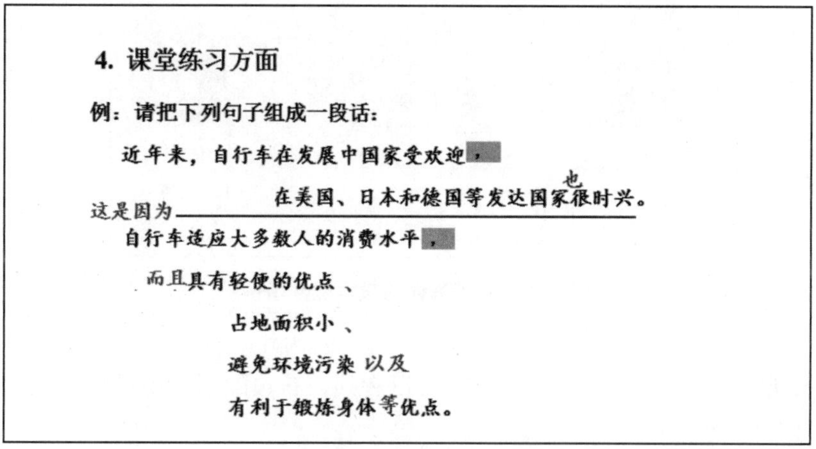

图 5 - 17   合并例句的过程

这一小节，从我们所提供的生词教学、整篇课文生词的教学、课文教学、课堂练习等方面的教学实例，可以清楚地看到，教育技术的恰当运用，对提高华文教学的效度大有裨益。

5.2.2   教育技术的运用要针对所教知识的特点

上一节，在教学实例的讲解中阐述了教育技术的运用有利于提高华文教学的效度。那么，采用教育技术与理想的教学效果之间是否存在必然联系。请看下面的实例。

如图 5 - 18 所示，这是一位准华文教师制作的教学课件页面，所教知识点是复合趋向动词"下来"作补语。

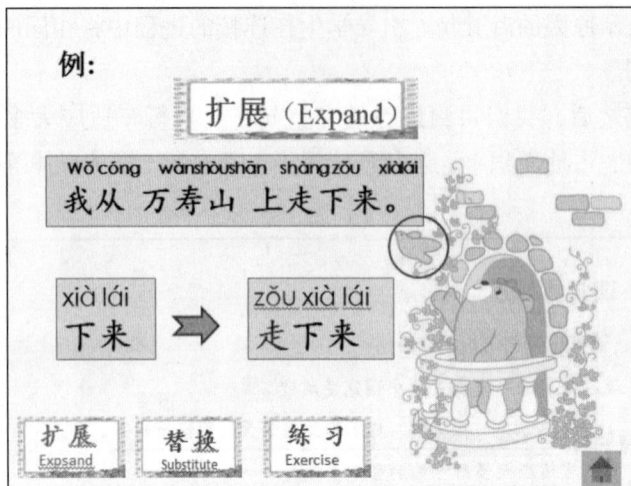

图 5-18　出现失误的教学课件示例

请仔细观察，图片中是否存在问题。可以看到，右边配图的小鸟是向上飞的，方向与"下来"完全相反。

这说明，教育技术的运用要取得好的效果，很重要一点，就是必须针对所教知识的特点，并且结合学习者的认知心理，精心设计教学课件。

下面我们从四个方面讲解如何针对所教知识的特点，恰当有效地运用教育技术。

（一）有层次地展示所教的知识点

上文提到复合趋向动词"下来"作补语的不成功的示例。复合趋向动词作补语是教学的难点之一，它的特点是：①其中的复合趋向动词，有"上、下"和"来、去"两个维度；②单独讲"下来"不易讲清楚，应和相对应的"上来"，以及"上去""下去"对比着教；③复合趋向动词还要放在动词后作补语。针对这些特点，教学过程应当有层次、分步骤地进行。使用多媒体技术，能较好地做到这一点。具体过程如下：

第一步，先讲解图1"走下山"（如图5-19）。

第二步，讲授新知识"下来"和"上来"。在幻灯片上展示图2、图3，启发学生："大家看，这两幅图跟图1有什么不同？"学生可以从图片中观察得知：它们都比图1多了一位小女孩。进而引导学生："那么这两幅图之间相同点和不同点又是什么呢？"从图片上可以清楚地看到：相同的都是小男孩下山，不同的是小女孩，也就是"说话人"，她站的位置不同，图2在山下，图3在山上。这样，只说"下"就不是准确的用法了。图2小男孩要向着说话人方向移动，我们用"来"，是"下来"；图3小男孩要离开说话人方向而行，我们用"去"，是"下去"。

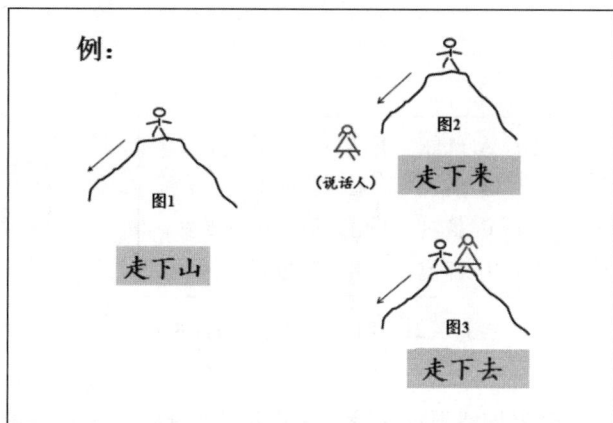

图 5 – 19　"走下山"

第三步，引导学生掌握"下来""上来"作补语的用法。启发学生思考如下问题：下山可能是走，也可能是跑，如果小男孩是走着下山，图 2 应该如何描述。要把"走"放在"下来"的前面，是"走下来"，相同的，图 3 就是"走下去"。

第四步，引导学生对比图 4、图 5，推导出"上来""上去"的用法（如图 5 – 20）。

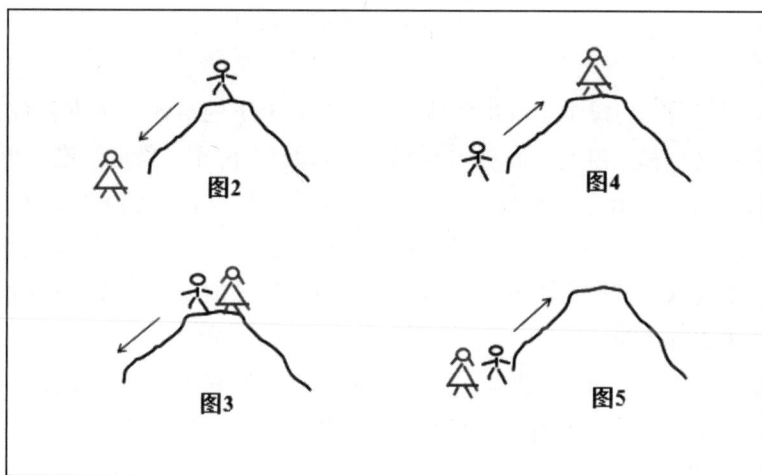

图 5 – 20　"图 4"与"图 5"的对比

（二）直观显示几个知识点的异同

例如，在教"即使"这一生词的时候，针对它的特点，可以把它与已经学过的"既然……就……""虽然……但……""如果……就……"作对比，并且作下图5-21所示的排列。

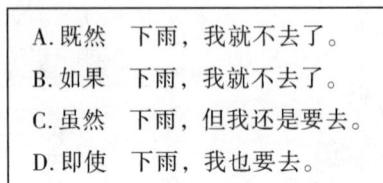

A.既然　下雨，我就不去了。
B.如果　下雨，我就不去了。
C.虽然　下雨，但我还是要去。
D.即使　下雨，我也要去。

图 5-21　四个例句的排列方式

在教学课件中，能够更加清晰地展示四个词语之间的异同点（如图 5-22）。

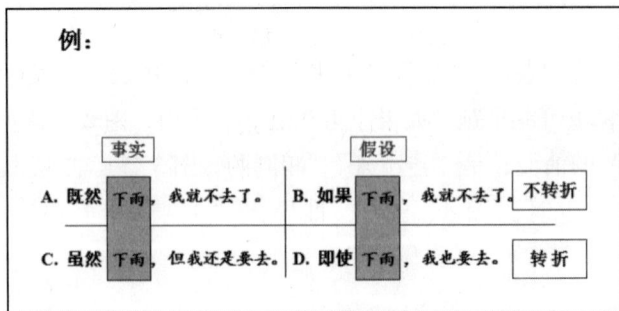

图 5-22　教学课件中的四个例句

展示四个例句后，启发学生有步骤地进行左右和上下的对比。不难发现，左侧 A 句、C 句的"下雨"都是事实，而右侧 B 句、D 句的"下雨"都是假设。再看上下，显然，下面的两句，下雨都还是要去，表示"转折义"，而上面两句是"下雨就不去"，没有转折的含义。最后，从表达的角度进行总结，使用这四种句式表达意思时，首先应当注意所说的内容是不是事实，然后再看后一句跟前一句有没有转折关系，根据这两点决定采用哪个句式。

以上的设计，正是针对了所要讲解的知识的特点，又利用了多媒体技术手段，才能如此恰到好处而又非常直观地凸显四者间的异同，对于学习者而言，这比单纯口述例句要容易理解得多。

（三）将所教知识化抽象为具体

在学习一些比较抽象的词语过程中，可以先从本体上认识它的表义特点或用法特点，在此基础上，再用多媒体技术手段形象地展示出来，化抽象为具体，增强教学的趣味性和易理解性。

如例1，教"其余"一词，可以用"其他"作对比，通过例句，用替换的方法弄清楚这两个词的异同（如图5－23）。

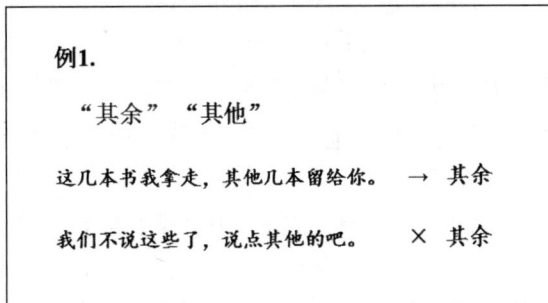

图5－23 "替换法"示例

说明这两个词有相同点，也有不同点。"其余"是一定要有范围的，它的使用面没有"其他"广。我们可以在幻灯片中用两个图来形象地展示（如图5－24）。

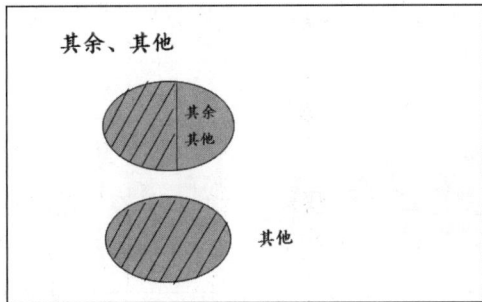

图5－24 图解"其余"与"其他"的范围

启发学生思考以下问题：

问题一：上面的图的空白处可以填什么。学生可以快速地明白，要填的是"其余""其他"。问题二：下面的图的外面可以填什么。只能是"其他"。

再看例2，"即使"的第二种用法（如图5－25）：

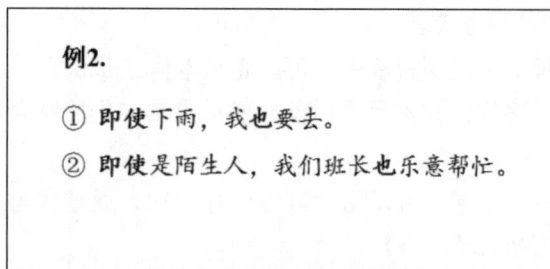

图 5-25 "即使"的第二种用法

"② 即使是陌生人,我们班长也乐意帮忙。"这里的"即使"不再是第①句的用法。"①即使下雨,我也要去。"这里的"即使"是用于假设将来的某种情况。由此,可以提问学生,我们班长乐意帮忙的人可能有哪些,可能有"老师、好朋友、同学、陌生人"。进一步提问,引导学生思考:这些人中,班长最不可能帮的是谁。学生可以想到是陌生人。如例句所说,"即使是陌生人,我们班长也乐意帮忙"。"陌生人"班长都乐意帮忙,其他人更不用说了。由此引导学生得出结论:"即使"的第二种用法是假设最不可能发生的情况。

接着,我们有针对性地设计例句,让学生填空(如图 5-26):

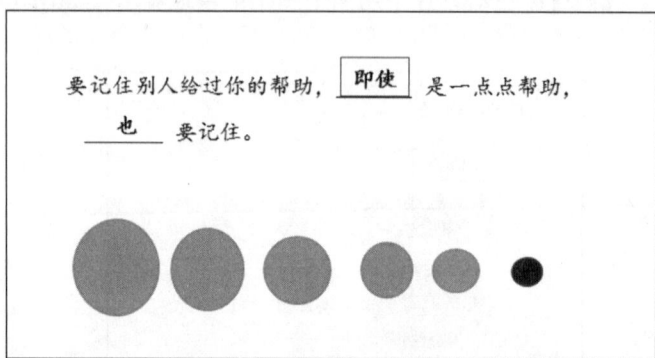

图 5-26 针对性的例句设计

如果学生填的是"虽然……也……",教师可以借助多媒体手段,形象地启发学生理解为什么填"虽然"不正确。

启发学生思考:幻灯片上的圆圈代表了什么。引导学生理解,圆圈代表了别人给过你的帮助。可以进一步提问学生:为什么圆圈有的大,有的小。那是因为,别人的帮助有大有小。接下来提问:那么最不可能记住的是什么。提示学生注意,最小的圆圈，也即"最小的帮助"。最后，引导学生得出正确答案，应该填"即使"——"要记住别人给过你的帮助，即使是一点点帮助，也要记住。"

最后总结：这是"即使"的第二种用法，假设最不可能发生的。如果这句填"虽然"，而"虽然"的后面是事实，那这句话的意思就会变成"别人给过你的所有的帮助全都是一点点帮助"，这当然是不正确的。

（四）将所教知识化抽象为具体

例如"反而"一词，它的语义背景比较复杂，学生不理解的话，会造出"他以为我不喜欢他，我反而很喜欢他"的病句（如图 5 - 27）。

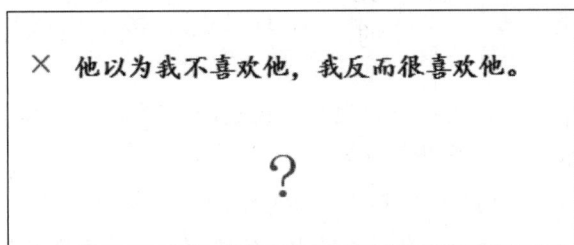

图 5 - 27　"反而"的病句

其实，"反而"使用的特点要与它的语义背景相结合，它有四层语义背景。我们可以以一段话为例，用幻灯片显示这段话四层意思间内在的逻辑关系（如图 5 - 28）：

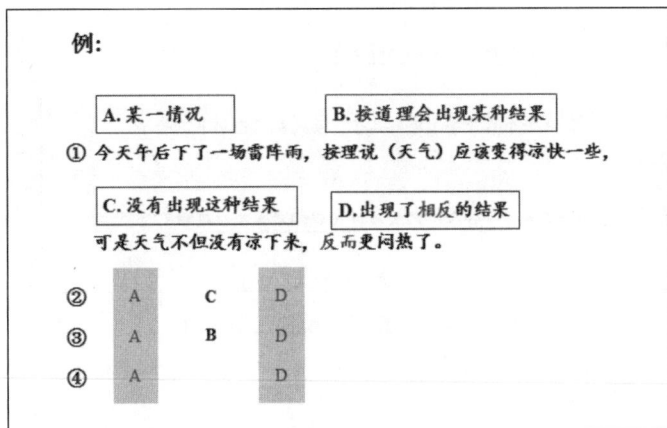

图 5 - 28　"反而"的四层语义背景

第一句，"今天午后下了一场雷阵雨"，是 A，表示某一情况。

第二句，"按理说（天气）应该变得凉快一些"，是 B，表示按道理会出现某种结果。

第三句，"可是天气不但没有凉下来"，是 C，表示没有出现这种结果。

第四句，"反而更闷热了"，是 D，表示出现了相反的结果。需要特别注意的是，"反而"就用在相反的结果前。

这是"反而"使用的四层意思。然而，在实际话语中，这四层意思不必都说出来。原因如下：

按照常理会出现的情况，大家都知道，B 往往省略不说，所以可以是第②种情况，只说 A、C、D；而最终出现了相反的情况，就说明按常理会出现的情况并没有出现，所以也可省去 C 不用说，只说 A、B、D，即第③种情况；而在第④种情况中，只说 A 和 D，也就是：今天午后下了一场雷阵雨，反而更闷热了。

此时，就可以启发学生发现其中的规律，在这四层意思中 A 和 D 是一定不能少的，并且要在课件展示过程中强调这一点。

从以上案例中可知，使用多媒体技术，能够清晰有效地展示"反而"一词四层语义背景之间的逻辑关系，以及包含在其中的 B、C 两层意思的隐现情况。

同时，还可以利用多媒体课件直观地分析带"反而"的句子的对错（如图 5-29）：

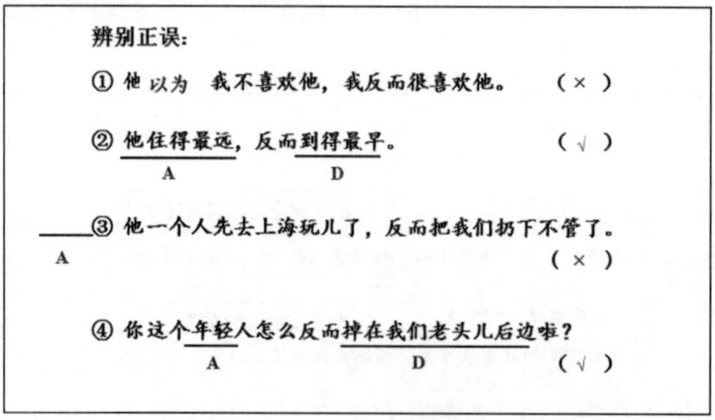

辨别正误：

① 他 以为 我不喜欢他，我反而很喜欢他。　　（×）

② 他住得最远，反而到得最早。　　（√）
　　　A　　　　　D

③ 他一个人先去上海玩儿了，反而把我们扔下不管了。
A　　　　　　　　　　　　　　　　　　（×）

④ 你这个年轻人怎么反而掉在我们老头儿后边啦？
　　　A　　　　　　D　　　（√）

图 5-29　"反而"辨别正误例句

讲解如下：

①他以为我不喜欢他，我反而很喜欢他。

"以为"这个词表示的个人的看法多是错误的。以为的内容不可能有什么结果，这个句子没有 A，是错的。

②他住得最远，反而到得最早。

这句话是正确的，有助于学生巩固刚刚学过的知识。

③ 他一个人先去上海玩儿了，反而把我们扔下不管了。

不存在按常理会有什么结果的情况，这个句子也属于缺少 A。

④ 你这个年轻人怎么反而掉在我们老头儿后边啦？

这里虽然只有一句话，但还是含有 A、D 两层意思。

　　从本节的阐述可以看到，教育技术的运用，只有针对所教知识的特点，并结合学习者的认知心理，才能充分地发挥它的积极作用。

【思考与练习】

1. 怎样将华文教育技术应用于华文课堂教学以提高其效度？请举例说明。

2. 怎样针对性地将教育技术运用于知识点教学？请举例说明。

5.3　华文教育技术在课堂教学中的应用案例

导入

【学习目标】

1. 理解华文教育技术在课堂教学导入、知识讲解、课堂练习等环节中的应用。
2. 掌握文本、图像、音频等媒体的设计方法。

我们通过三个教学案例，向大家展示一线汉语教师如何应用技术作用于课堂教学中的"导入""知识讲解""练习""小结"和"布置作业"等环节。

5.3.1　应用案例1——《幸福的感觉》①

课程类型：综合课

教学对象：中级汉语学习者

教学目标：1. 理解并使用本课生词回答问题、完成对话。

　　　　　2. 能够听懂听力材料的句子，并复述。

　　　　　3. 根据课文排序句子，并且会讲述自己的观点。

（一）导入

教学过程	媒体选择
生词复习： 　　请大家注意听老师说，你们要想一想、猜一猜这个生词是什么。	图片

---

① 撰写人王姗姗。

（二）知识讲解

教学过程	媒体选择
1. 听录音理解课文大意 下面，大家要听两遍课文录音，第一遍不看书，只听，第二遍一边听，一边看 PPT，听完以后，回答这两个问题。 ①"什么是幸福？"这个问题能说清楚吗？为什么？ ②怎样可以得到幸福？	音频
2. 重点生词引导讲解 （1）"到底什么是幸福？"这个问题说得清楚吗？ ①"没有人能说清楚"。 ②多少、多大。	图片

（续上表）

教学过程	媒体选择
③"算是得到了幸福"，是什么意思？ "可以说是得到了幸福"，"可以认为是得到了幸福"。	
（2）"到底什么是幸福？"这个问题为什么没有人说得清楚？ 因为幸福完全是个人的感觉，永远没有统一的标准，也没有不变的标准。 我们每个人都可以得到幸福，只要你心中有幸福的感觉。	个人的感觉 有幸福的感觉

（三）练习

教学过程	媒体选择
现在我们来做练习，这些都是课文里的句子，大家看看哪个句子先说，哪个后说……	**文本** 练习：给下面的句子排序 3 没有人能说清楚拥有多少钱、拥有多大权力算是得到了幸福。 2 谁能说清楚？ 5 更没有人能说清楚拥有多少感情是得到了幸福。 1 到底什么是幸福？ 6 因为幸福完全是个人的感觉，永远没有统一的标准，也没有不变的标准。 8 只要你心中有幸福的感觉。 4 也没有人能说清楚拥有多少儿女、多少朋友算是得到了幸福。 7 我们每个人都可以得到幸福。

（四）小结

教学过程	媒体选择
我们把排好的句子连起来，就是课文的这段话，我们还要注意标点的问题。	**文本** 　　到底什么是幸福？谁能说清楚？没有人能说清楚拥有多少钱、拥有多大权力算是得到了幸福；也没有人能说清楚拥有多少儿女、多少朋友算是得到了幸福；更没有人能说清楚拥有多少感情是得到了幸福……因为幸福完全是个人的感觉，永远没有统一的标准，也没有不变的标准。我们每个人都可以得到幸福，只要你心中有幸福的感觉。

（五）作业布置

教学过程	媒体选择
说一说，你认为什么是幸福？	文本

5.3.2 应用案例2——《门开着》①

课程类型：听说课

教学对象：初级汉语水平学生（学习汉语三个月左右）

教学目标：1. 理解并使用本课生词回答问题、完成对话。

2. 能够听懂听力材料的句子，并复述。

3. 学习并掌握用"着"句子进行对话、描述事物。

（一）导入

教学过程	媒体选择
同学们好，老师很开心，今天又要学习新的一课，现在大家是不是很热？因为我看到很多人进来都没有关门，所以现在我们的门关着吗？对了，我们的门现在是开着的，那今天我们要学习的内容就是：门开着。	

（二）知识讲解

教学过程	媒体选择
1. 我们先来读一下今天要学习的生词： 开、着、书架、放、椅子、躺、地、书房、报、沙发、客厅、猫、窗台、趴、窗户	文本
2. 门开着。 门关着。 老师站着。 同学们坐着。	图片

---

① 撰写人李倩。

（续上表）

教学过程	媒体选择
3. 书架 书在书架上。 书在书架上放着。 书房 书在书房的书架上放着。	图片
4. 椅子 一把椅子 咖啡在哪儿呢？ 在椅子上放着。 书呢？ 在咖啡旁边放着。 眼镜呢？ 在书上边放着。	图片
5. 妈妈和孩子在哪儿？ 他们在床上躺着。 他们在床上躺着睡觉。 爸爸在哪儿？ 他在沙发上躺着上网。	图片
6. 窗户 窗台 小猫在窗台上趴着玩儿。	图片

（续上表）

教学过程	媒体选择
7. 哥哥在看着电视吃饭。 小猪在听着音乐跑步。 爸爸在沙发上坐着看报。 爷爷奶奶们在客厅里喝着咖啡聊天儿。	图片   
8. 这里是英男和保罗的房间， 门__开着_____，电视____也开着____， 书和词典在__书架上放着_____， 英男____在椅子上坐着_____，保罗 ____在床上躺着____。 他们正在__紧张地看足球比赛_____。	图片  

（三）练习

教学过程	媒体选择
1. 听音频，然后回答几个问题。 小雨的爸爸在做什么？ 小雨的妈妈在做什么？ 小雨在做什么？ 小猫在做什么？	音频
2. 看图片，请你们来说一说。 TOPIC：这是小雨的家。……	图片 

（四）小结

教学过程	媒体选择
1. 我们再来一起读一读这篇课文。 　　这是小雨的家。书房里很安静，爸爸正在沙发上坐着看报，妈妈在客厅里跟邻居喝着咖啡聊天儿，小雨在自己的房间里听着音乐看书。他们家的小猫呢？在窗台上趴着睡觉呢。	文本
2. 我们再来复习一下今天学习的生词。 　　开、着、书架、放、椅子、躺、地、书房、报、沙发、客厅、猫、窗台、趴、窗户	文本

（五）作业布置

教学过程	媒体选择
请你介绍一下我们的教室，说一说下课后大家喜欢在教室里做什么？	文本

5.3.3　应用案例3——《中国茶文化》①

课程类型：中级汉语阅读课

教学对象：学习汉语满一年的外国留学生

教学目标：1. 使留学生初步了解中国茶文化。

　　　　　2. 留学生学习后能够掌握茶叶的种类。

　　　　　3. 以"中国茶文化"为例，使学生在更加了解中国文化的同时，学习快速阅读的技巧。

（一）导入

教学过程	媒体选择
今天我们来学习《中国茶文化》，在上课之前，问大家几个问题： 　　1. 喝过中国的茶吗？你知道哪些茶叶的名字？ 　　2. 你们觉得中国人一般什么时候喝茶？ 　　3. 知道我们喝的茶叶是怎么来的？	文本

---

①　撰写人雷丹。

（二）知识讲解

教学过程	媒体选择
1. 通过图片来了解茶叶是怎么来的。 ①"种植茶叶"，简单地说是"种茶"。"种植"这两个字的左边代表了它们的意思，右边就跟它们的发音有关。	
②"采茶"。"采"这个字的上面是手，下面是木，所以就是用手摘下来的意思（用手势表示）。	
③"制作茶叶"。茶叶制作是一个过程，分为三类：第一类是发酵，我们现在通过图片来看看什么是发酵的过程。第二类是半发酵，那第三类是不用发酵。通过这三种方式制作出来的茶叶分别为红茶、乌龙茶和绿茶。我们稍后会讲到茶叶的分类。	
④泡茶。茶叶的清香经过冲泡后就出来了，这时我们要饮茶，也叫品茶。中国人喝茶讲究：观其色，闻其香，品其味。就是要先看看茶的颜色，然后拿起来闻闻它的清香，最后再饮茶，品一品它的味道（此处用手势演示）。	

（续上表）

教学过程	媒体选择
2. 阅读第 1、2 段，回答下面的问题： ①为什么作者说中国是茶叶的故乡？ ②为什么说中国人喜欢喝茶？ ③中国人喜欢喝茶的习惯影响了哪些国家？	文本、图片 ①为什么作者说中国是茶叶的故乡？ 因为中国是最先认识，最早种植和制作茶叶的国家。 有关茶的书：研究和总结种茶、采茶、饮茶。（茶经、茶录、茶谱、茶史） ②为什么说中国人喜欢喝茶？ <table><tr><td>在家中</td><td>上茶馆</td><td></td></tr><tr><td>开会时</td><td>朋友谈话时</td><td>打架讲理时</td></tr><tr><td>早饭前</td><td>午饭后</td><td></td></tr></table>③中国人喜欢喝茶的习惯，影响了哪些国家？ <table><tr><td>17世纪中叶</td><td>美国</td><td>冷饮、喝"冰茶"</td></tr><tr><td>18世纪初</td><td>英国</td><td>"午后茶"</td></tr><tr><td>1780年</td><td>印度</td><td>引进中国茶</td></tr><tr><td>1841年</td><td>斯里兰卡</td><td>引种茶树</td></tr><tr><td>1893年</td><td>俄国</td><td>聘请中国人做种茶技术顾问</td></tr></table>
3. 长、难句讲解。	
4. 总结第 1、2 段： 中国是茶叶的故乡，中国人爱品茶。	文本
5. 第二部分：阅读第 3-8 段，回答下面的问题。 ①中国的茶叶有多少品种？习惯上怎么分类？	文本、图片

（续上表）

教学过程	媒体选择
②每类茶叶有什么特点？ 绿茶的特点是：采取茶树新叶，没有发酵。茶叶和茶汤颜色是绿色，绿茶中的代表是龙井。	文本、图片 绿茶 特点：　采取茶树新叶 　　　　没有发酵 茶叶和茶汤颜色：绿色 代表：　龙井
红茶的特点是：完全发酵了的茶。茶叶和茶汤的颜色为红色，代表茶是滇红。	红茶 特点：　发酵 茶叶和茶汤颜色：红色 代表：　滇红
乌龙茶的特点是半发酵的茶。茶叶和茶汤的颜色为琥珀色，代表茶是铁观音。	乌龙茶 特点：　半发酵 茶叶和茶汤颜色：琥珀色 hǔ pò 代表：　铁观音 乌龙茶
花茶的特点是香味比较浓，茶叶和茶汤的颜色是浅黄明亮的，代表茶是茉莉花茶。	花茶 特点：　香味浓 nóng 茶叶和茶汤颜色：浅黄明亮 代表：　茉莉花茶
紧压茶的特点是比较粗老，茶叶的颜色是干褐色，茶汤颜色是橙黄或者橙红色，代表茶是普洱茶。	紧压茶 特点：　比较粗老 茶叶和茶汤颜色：干茶-黑褐色 hè 茶汤-橙黄色或橙红色 代表：　普洱 pǔ ěr

（续上表）

教学过程	媒体选择
③为什么会有紧压茶？	
6. 第二部分小结。这几段主要是说茶叶的种类，分为：绿茶、红茶、乌龙茶、花茶和紧压茶。	

（三）练习

教学过程	媒体选择
判断对错：	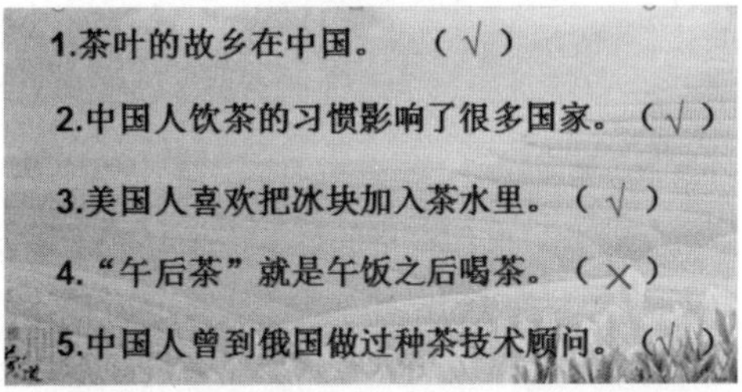

（四）小结

教学过程	媒体选择
本节课主要通过图片的方式简单了解了茶叶是怎么来的，传到了哪些国家，以及茶叶习惯上的五种分类。下节课我们将通过学习茶叶的用途及开展品茶活动来加深大家对茶文化的了解。	文本

（五）作业布置

教学过程	媒体选择
请选择一个角度来介绍中国茶文化。	文本

【思考与练习】

1. 以上案例是怎样将教育技术运用于华文课堂教学各环节中的？各有什么特点？

2. 你怎样看待以上案例对于各教学环节技术的处理？你有更好的想法吗？请举例说明。

6 云端环境下华文教育技术的应用

6.1 云端华文数字教材

【学习目标】
1. 理解华文数字教材语言知识的表征方式。
2. 理解华文数字教材中言语技能练习的特点。
3. 了解华文数字教材中的各类学习工具。

导入

基于云端的华文数字教材与一般的数字教材有何不同。云端的数字教材可以应用自然的人机交互技术，实现汉语知识表征可视化；数字化练习不仅有趣，更重要的是可以在练习的同时接受反馈评价；云端华文数字教材同时提供电子词典、语音识别、笔记等学习语言的工具，为学习提供帮助和服务。本节，我们主要通过创而新（中国）科技有限公司的《小学华文》《华文一百分》云端数字教材为例，一起来了解云端技术如何促进华文教材的变革。

6.1.1 云端华文教材的语言知识表征

（一）语音知识
语音是语言的声音外壳，语音教学贯穿语言教学的始终。语音知识的表征形式以文本、音频、图片为主，辅以发音器官部位的图像展示，帮助学习者掌握正确的读音和拼写。

图 6 – 01　语音知识表征示例

（二）汉字知识

汉字是汉语的书写符号系统，是形、音、义的统一体，教学主要是培养学习者的写字、识字能力。因此，汉字知识的学习包括字形结构、字音、字义三部分内容。其中，字形结构包括整体结构、部件、笔画数和笔顺，字义包含字义解释以及组词造句。

表6-01　汉字知识的表征

汉字知识	文本	图形	图像	音频	动画
字音	√			√	
字义	√		√		
结构	√	√			
偏旁部首			√		
笔顺				√	√
笔画	√	√			
组词	√		√	√	

选用合适的媒体来表征汉字知识（见上表），可以帮助学习者有效地构建汉字知识，提高汉字学习效率。采用动画形式演示汉字书写和演变过程，使汉字学习变得生动直观，便于记忆。

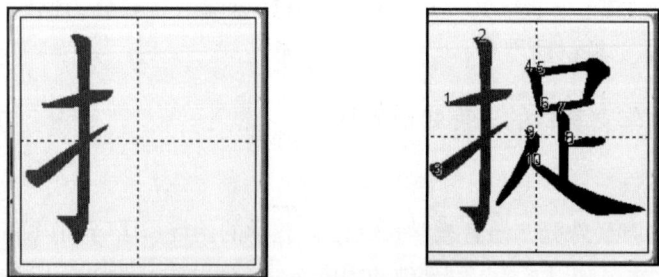

图6-02　汉字笔顺动画示例

（三）词汇知识

词汇知识包括词音、词形、词义和词用四个部分（见表6-02）。充分运用富媒体技术，为词语的学习提供相关的语境，更有利于词语的习得。

表 6 - 02　词汇知识的表征

词汇知识	文本	图像	音频	动画	视频
词音	√		√		
词形	√			√	
词义	√	√		√	√
词用	√	√		√	

　　根据词性的不同，词语的释义模式也有所区别。例如：名词更适合采用图片释义；动词适用于采用漫画释义并结合符号法。此外，在词典解析上，电子教材可实现不同国家语言之间的切换，满足汉语学习者的国别化需求。

　　（四）语法知识

　　在云端华文教材中，语法知识从呈现形态、媒体类型、作业工具等方面进行富媒体加工，实现语法知识的情境化交互。

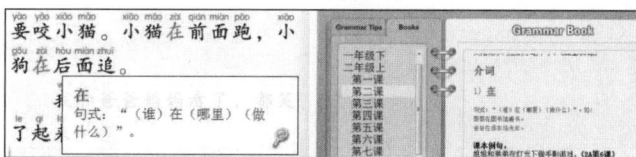

图 6 - 03　语法知识表征示例（《小学华文》）

6.1.2　华文数字教材的言语技能练习特点

　　（一）创设虚拟、有趣的练习环境

　　应用多媒体技术创设语言练习环境，并采取游戏化练习策略激励学习者进行有效的练习。

图 6 - 04　游戏练习①

---

　　①　创而新（中国）科技有限公司的《小学华文》

（二）提供即时的多维反馈

听、说、读、写能力可以根据反馈对技能表达做出更正和确认，及时调整学习者语言输出，纠正语言错误。对练习的结果以不同形式进行反馈。

（三）智能统计结果并分析

在学习分析技术的支持下，收集到的学习者练习数据，可生成文字或可视性图表的分析结果。并根据分析结果，提供相关的学习建议和资源。

6.1.3 华文数字教材学习工具

（一）语音（听读）工具

主要包括听读、跟读、自读、会话以及回放和语音自动识别对比等功能。

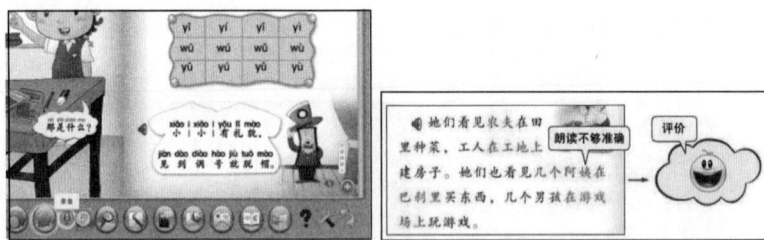

图 6-05　自读功能①

（二）会话

为学习者提供情境化的口语练习。学习者通过角色扮演进行人—人对话，学习者可按照课文中的情景性对话与之交流。

图 6-06　会话训练②

---

①② 　创而新（中国）科技有限公司的《小学华文》

（三）词汇工具

提供词典和图像释义的功能。

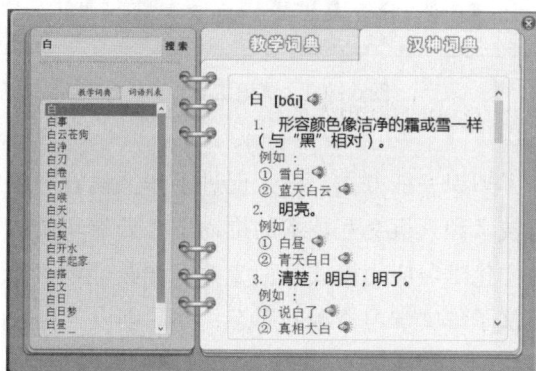

图 6-07　教学与词典①

（四）汉英双语翻译

在课文的学习中，可以提供对课文内容的翻译、解释。

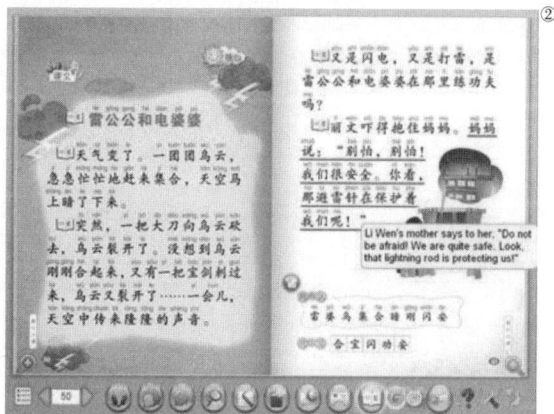

图 6-08　双语翻译

（五）笔记工具分析

笔记工具具有笔记储存、笔记学习、笔记编辑和笔记分享等功能，能帮助学习者

---

①②　创而新（中国）科技有限公司的《小学华文》

提高学习效率，更好地开展华文学习。

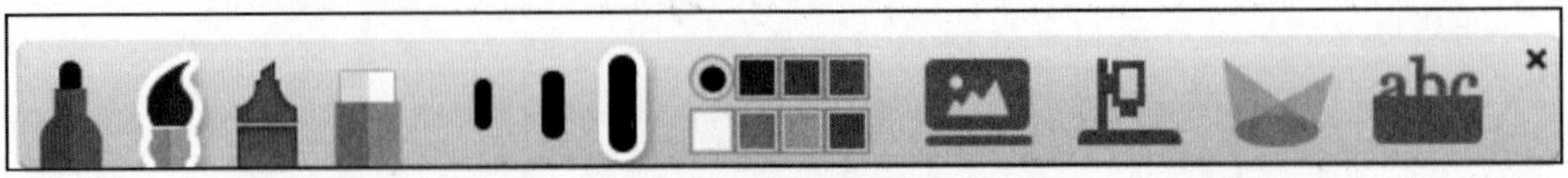

图6-09　笔记工具

　　华文数字教材革新了知识表征方式，极大促进了华文语音、汉字、词汇和语法知识的学习；在学习分析技术和人机交互技术的推动下，云端华文数字教材以其即时反馈、智能统计分析、多样化学习应用模式全面支撑言语技能的训练；同时，语音、词汇、笔记等学习工具丰富了华文学习资源的形态，共同创设了有效的华文学习环境。

【思考与练习】

　　1．与传统教材相比较，华文数字教材的语言知识表征和言语技能练习有何特点？

　　2．你了解的华文数字教材和华文数字教材学习工具有哪些？请评价其优缺点，并提出改进的建议。

6.2　华文学习 APP

【学习目标】

1. 了解汉字 APP 的主要功能及其应用模式。
2. 了解词典 APP 的主要功能及其应用模式。

导入

随着无线网络和智能移动终端的日益普及应用，华文学习的 APP 因其富媒体和智能检索功能、方便携带等优越性备受学习者的青睐。在这节中，我们主要给大家介绍最具代表性的汉字学习 APP 和汉语词典 APP。

6.2.1　汉字学习 APP

现有的汉字 APP 在字量、选字、识字教学模式、练习等方面各有特点，其主要功能如下：

（一）检索功能

汉字 APP 具有的检索功能方便用户查找资源。比如汉字宝 APP，它具有拼音检索功能以及按教材编排的同步检索功能；IMiao（爱描）是一款汉字书写训练的 APP，是按照 HSK 等级来组织检索的。

（二）识字教学功能

识字教学功能包括字音学习及发音纠正功能。如多纳学汉字 APP 中的跟读功能。

（三）字形演变展示

视频或动画演示字形演变，如 Art of Chinese 汉字 APP。

（四）汉字释义

Monki Chinese Class 图形释义功能，如图 6 – 10 所示：

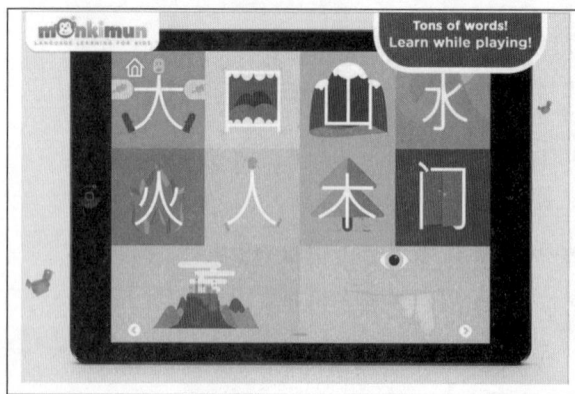

图6-10　图形释义示例（Monki Chinese Class）

（五）书写训练功能

有的汉字APP会保留手写痕迹，比如Art of Chinese，有的APP会把手写痕迹自动变成标准的形体，使其更加美观，比如Chinese Skill。

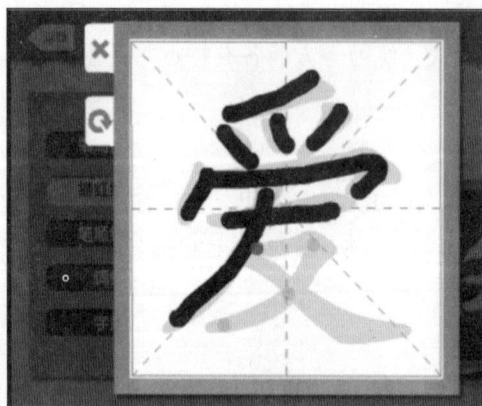

图6-11　书写训练功能示例

（Art of Chinese 汉字APP）

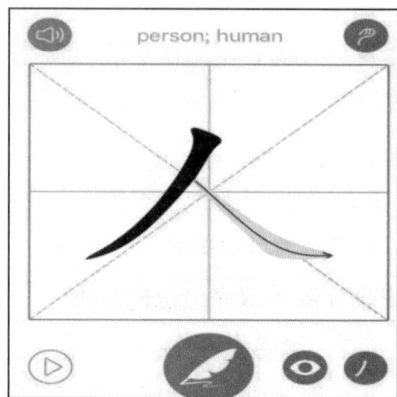

图6-12　书写训练功能示例

（Chinese Skill APP）

（六）练习巩固功能

汉字APP除了传统题型之外，还有新颖的游戏形式，可以调动学习者的学习兴趣。此外，有的APP还具备统计学习者整体练习情况的功能。

6.2.2 词典 APP

（一）检索功能

现有的词典 APP 除了具备传统检索方式，还可以进行语音输入查询和拍照取词。

（二）词汇学习功能

词典 APP 中声音功能提供语音素材，可以提供图片直观释义。如快快查字典 APP，通过动画能够动态展示汉字书写过程。

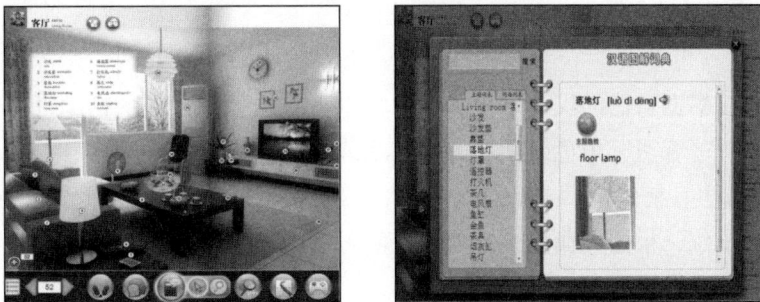

图 6-13　图解词义功能示例①

（三）巩固练习功能

部分词典 APP 具有学习功能，设置了生词收藏、单词记忆、练习巩固等模块。也可以通过统计图表了解生词的学习情况，如 Train Chinese。部分词典还有丰富的练习形式，比如创而新（中国）科技有限公司开发的图解词典就包括单词听写、默单词写、角色对话和游戏化的练习。

（四）辅助工具

现有的词典 APP 一般包括笔记工具、系统设置、帮助按钮，主要帮助学习者对界面进行个性化的调节，以达到更好的学习效果。

6.3.3 汉字和词典 APP 应用方式

APP 功能逐渐多样化，可以提供多种应用模式，能满足不同学习者的多元化需求。

---

① 创而新（中国）科技有限公司的《汉语图解词典》。

表 6 – 03　词典 APP 的几种应用模式

应用模式	方式	特点
自主学习	学习者根据自身的学习水平和学习需求自主选择学习内容。	自主性
小组学习	以小组为单位，经过明确分工、动手实践、自主探索和合作交流而共同完成任务。	互助性
课堂学习	在教师的指导下，完成一定的学习任务。	指引性
协作学习	与同伴或者其他使用者进行交流分享与互动。	协作性

（一）自主学习模式

学习者可以根据自己的汉语水平和学习需求自主选择感兴趣的话题进行学习。也可以自主完成听写练习、角色对话练习和游戏练习。

（二）小组学习模式

以小组为单位，根据词典提供的场景，学习者分配角色，明确分工，共同完成一个交际任务。

（三）课堂学习模式

课堂上，老师可以根据词典内容设计一些有趣的课堂活动。

（四）协作学习模式

目前词典 APP 主要是学习者与学习材料之间的互动，缺乏学习者与其他学习伙伴之间的分享和交流的平台，如能增加协作学习模式会更有利于学习者之间的信息交流。

现有的词典 APP 普遍整合了实用的词典资源，加入音频、图像、动画等多媒体内容，并结合移动设备多点触控的特点，极大地发挥了网络信息技术应用于汉语学习的优点。虽然词典 APP 使用非常方便，但汉语词典还处于发展阶段，词典资源没有得到合理的整合，科学性和准确性还有所欠缺，希望日后这些不足能得到改善。

【思考与练习】

1. 请你尝试应用一个本节推荐的华文学习 APP，分析其功能特点及其应用模式。
2. 你可否推荐一个华文学习 APP，并对它进行简单说明。

6.3 华文学习游戏化

【学习目标】

1. 了解华文学习游戏化的理论基础。
2. 了解游戏的功能特点和作用。
3. 了解华文学习游戏化的现状和发展趋势。

导入

近年来，游戏化学习成为越来越受欢迎的寓教于乐的学习方式，教育游戏也从辅助性教学工具演变为新型教学模式。已经有不少实验研究证实，游戏化学习是一种有效的学习模式。游戏在华文学习中有怎样的价值，如何将游戏应用于华文学习，利用游戏创设游戏化的学习体验，使华文学习变得更加有趣、有效。

6.3.1 华文学习游戏化的理论基础

（一）情境认知理论

情境认知理论认为，知识是人与环境交互作用的产物，任何知识都与环境相关，不能将知识从环境中独立出来。如果将学习过程简单地视为从书本中获取概念和公理，将知识独立于情境之外，学习往往达不到预期的效果。情境学习倡导将知识学习的过程与情景结合，倡导小组、团体等学习方式，在协作过程中加深学习者对知识的理解。

教育游戏中的背景、环境、场景等要素体现了情境认知和学习的关键特征。学习者可以在游戏中真实或接近真实的情境与活动中体验多重角色；游戏鼓励协作与竞争等。汉语学习中常见的问题是学生在课堂上学的语言不会运用到日常生活中，而游戏化学习所具有的教育性、愉悦性、规则性、目的性等，有助于实现学习者在参与过程中的自我调控，提高自我效能感，刺激学生的反应，激发表现。在游戏过程中学生之间会有合作交流，如果同伴榜样行为得到认同，学生会倾向于表现出积极的行为，增强交流和表达的愿望，从而提升语言技能。

（二）内在动机理论

Malone（1980）提出吸引人们玩游戏的因素主要有幻想、挑战和好奇，并进行了一系列实证研究，提出了一套完整的"内在动机"理论。该理论将内在动机分为个人动机和集体动机两大类。个人动机包括挑战、好奇、控制和幻想，集体动机包括合作、竞争和尊重。

其中，挑战是指游戏存在的目标和任务，控制是指游戏者能够决定和控制游戏中的活动，合作是指游戏者之间联合完成某项或全部任务，竞争与合作相对，尊重是指游戏者的成就得到其他人的赞赏和认可。

在游戏化汉语学习中，明确的目标和任务能促使学习者应对挑战任务，完成知识的学习。游戏能给学习者提供各种可能的选择，使学习者感到有能力操控学习，增强学习信心。游戏的合作、竞争与尊重更加能满足学习者的心理需要，增强学习的内在动机。

（三）马斯洛需要层次理论

Maslow 提出的"人类的动机需要层次理论"根据人类需要的迫切程度将需要分为生理需要、安全需要、爱和归属的需要、自尊需要和自我实现的需要，后经补充完善，又增加了认识和理解的需要、审美的需要。

学习者在汉语学习中，需要有目标、交流和情感体验。游戏化汉语学习，使学习者可通过合作学习满足爱和归属的需要；通过不断练习，得到他人的赞赏和肯定，满足自尊的需要；通过努力完成任务以满足自我实现的需要；学生高层次的需要得到满足有利于其投入学习，体验汉语学习的乐趣。

（四）多元智能理论

多元智能理论提出，人类个体的智能结构是多元的，每个个体身上都存在着至少9 项智能，但是具体到每个个体身上表现则有所不同，使得每个人的学习类型和智能类型各具独特性。游戏具备挑战、爱好、好奇、幻想、目标、竞争、合作等特征，能够刺激学习者多元智能的发展。通过多元智能来指导游戏化汉语练习设计，为学生多元智能的发展提供空间，进一步提高教学质量。

游戏化华文学习，学习者可通过合作学习满足爱和归属的需要；通过不断练习，得到他人的赞赏和肯定，满足自尊的需要；通过努力完成任务以满足自我实现的需要；学生高层次的需要得到满足有利于其投入学习，体验华文学习的乐趣。

6.3.2 游戏化的功能特点

（一）情境化

游戏能提供一个虚拟现实的真实情境，这有助于为华文学习者提供丰富的、生动形象的语言输入，并帮助学习者从视听等多通道感官理解所输入的语言。

（二）个性化

游戏能为学习者提供定制化的学习体验。学习者可以选择适合自己的游戏和学习风格，进行个性化学习。

（三）沉浸性

游戏情境能使学习者融入其中，凝聚注意力，心无旁骛地完成知识的学习。

（四）互动性

游戏的互动性是指人机互动、人人互动。语言学习游戏的互动性有助于提供富有开拓性话语的语言输入，也有利于展开语言交流。

（五）规则性

语言学习的游戏规则根据语言知识的学习和语言技能的训练而设计。设计有效的规则训练可以促使学生掌握知识和技能。

（六）易操作性

易操作性指游戏的速度和便捷的操作。游戏的记录、辅导、助教、重现、角色扮演等功能，能帮助学习者开展语言交流，在交流中提高语言表达能力。

6.3.3　游戏的华文学习应用价值

（一）激发学习动机，加强语言学习

将游戏引入华文学习，可使华文知识趣味化，利用游戏的趣味性提高学习者的学习兴趣，使之积极主动参与到学习中去。

（二）创设学习情境，加强语言应用

游戏可以虚拟场景，提供语言活动情境，创造语言学习氛围。置身于游戏情境中，学习者能活学活用华文知识，通过游戏关卡完成学习任务，形成有意义的知识建构。

（三）促进合作学习，提升语言技能

通过游戏特定的学习情境，学习者可与他人进行协作、交流。例如，在口语技能训练时，可通过游戏角色扮演，在交流互动中深入合作学习，共同提升语言口语技能。

6.3.4　华文学习游戏化的现状和发展

从人手游戏、纸笔游戏、桌上游戏、群体游戏逐步发展到电子游戏、网络在线游戏和角色扮演游戏等，游戏一直被当做是主要以娱乐为目的的活动。近年来，网络游戏风靡盛行，许多领域开始将游戏作为有效的辅助工具来使用。教育研究者也开始重新审视游戏的教育价值,并探索如何将游戏应用于学习中,教育游戏的研究与开发日益发展。"游戏化"的概念产生于近年来电子游戏的发展过程中,游戏化学习即给学习情景添加或设计游戏规则,提高学习者的学习参与和沉浸感,利用游戏的教育价值,使学习更加有效。

2004年开始,作为全球范围内教育信息化发展风向标的国际新媒体联盟发布的《地平线报告》,主要针对信息技术在教育领域的应用,预测未来影响教育的关键趋势、重要挑战和新兴技术。2005、2006、2007年《地平线报告》提出"教育游戏"的概念并将其列为未来影响教育的关键技术。2009年,将游戏列为影响教育的关键趋势之一,认为当前的教育方法不能使学习者充分参与到学习过程中,而基于游戏的学习策略可以使学习者处于交互体验的中心,保持积极性。2010、2011、2012年,提出基于游戏的学习,并将其列为未来改变教育的六大技术之一。研究认为,游戏与课程内容融合,使学生以一种全新的视角对待学习材料,有助于学生对学科内容的综合理解。2013年,正式提出"游戏和游戏化"将在高等教育中得到广泛应用,并对游戏的研究扩展到游戏设计应用于课程设计中。2014、2015年则将游戏和游戏化作为数字化策略提出,丰富课堂内外的教学方法,创新了传统教学活动,可用于正式学习和非正式学习。

目前,国内市面上的汉语游戏数目较多,运行比较成功、取得良好效果的是悟空识字。悟空识字根据《通用规范汉字表》,设计包括1200个最常用汉字、1200个句子和5000个词语,结合《西游记》经典场景,让儿童在游戏中快乐地认识汉字。《悟空识字》会根据孩子对汉字的掌握程度,实时调整孩子的学习计划,提供个性化的学习服务,从而提高教学的效率和有效性,在国内广受欢迎。与悟空识字相似的汉字游戏还有网易识字、多纳学汉字等,运行平台有PC端、iPad端和手机终端。但这些汉字游戏,都是针对国内儿童学习汉字所设计的。另外,还有许多网络在线汉语小游戏,如汉字连连看、汉字对对碰、找不同等,设计没有系统性,没有重复可玩性,这些不符合将汉语作为第二语言的学习者的特征和需求。

笔者负责研制暨南大学的小学《中文》多媒体教材,从题型多样化、趣味化、多种互动、反馈即时有效三方面对多媒体华文教材练习进行了设计,把传统的听写、连词成句、数笔画、组汉字、组词等较为枯燥的题型都设计为射击游戏、捉鱼游戏、拼图游戏,激发学习者的积极性和主动性。"汉字房",一款角色扮演游戏,由游戏策划人和成均馆大学汉文教育学者,以及哈佛大学教育心理学者担任策划,网络游戏专家开发制作,是与教材相结合的,作为辅助课堂教学的韩国首个汉字教育专用游戏。游戏主要采用反复的听说达到自然记忆,学习者的口语技能也得到了提升,学习者通过选择喜爱的角色攻击游戏中绑着汉字的怪物，通过不断的攻击，怪物会一直发出身上汉字的声音，将学习者一直反复听说枯燥的学习方法变为带有情境的娱乐性的学习形式，极大地增加了学习者的兴趣。游戏的代入感较强，对于课后的练习非常有效，在韩国广受欢迎（王瑞，2015）。

创而新（中国）有限公司研制的《小学华文》《汉语图解词典》《华文一百分》等云端电子教材中的练习大量采用了游戏化设计，提供的语音、汉字、词汇游戏化练习，熊猫戏球、配对游戏、绝处逃生、迷宫救援等作为趣味化的练习，能有效地促进知识的练习和巩固。

具有一定教育目的的汉语游戏能够激发学习者的积极性、主动性、创造性（何克抗、吴娟，2007）。对外汉语教育游戏作为辅助汉语教学的重要工具，对当前国际汉语教育具有重要意义，能有效激发学习者采取"积极的学习态度"，使其通过情节、扮演、任务、探索等游戏体验环节，愉悦地完成学习任务（吉晖，2010），他还对对外汉语教育游戏的类型开发进行了分类，一种是基于形式分类的动作游戏、益智游戏和模拟游戏，一种是基于内容分类的语音、汉字、词汇、语法游戏，还有一种是基于平台分类的单机游戏、网络游戏和手持终端游戏。近年来，随着"快乐学汉语""轻松学汉语"教学理念深入人心，"游戏化学习"为国际汉语教育提供了新思路、新模式。虽然华文学习的游戏化的设计研究已有一定成果，但游戏化学习范围还很小，游戏的设计、开发和应用还有待进一步推进。

信息化技术的不断发展推动了游戏化学习的兴起，教育研究者开始探索游戏在教育教学中的应用价值和效果。游戏化的趣味性具有不可比拟的优势，同时游戏化学习所具有的情境化、个性化、沉浸性、互动性等特点能使学习者获得不一样的学习体验和学习效果。开发教育游戏，将游戏与华文教学相融合，游戏化学习研究不断向前推进。

【思考与练习】

1. 结合自己的外语学习经历，谈谈游戏对学习的影响。
2. 请你推荐一个语言学习游戏，并简单介绍其特点。

参考文献

［1］PETER MELL，TIMOTHY GRANCE．The NIST Definition of Cloud Computing ［R］．2011．

［2］WILEY, D A. Connecting learning objects to instructional design theory：A definition，a metaphor，and a taxonomy［EB/OL］．http：//reusability．org/read/chapters/wiley．doc，2000．

［3］邓莉，彭正梅．通向21世纪技能的学习环境设计——美国《21世纪学习环境路线图》述评［J］．开放教育研究，2016，22（5）．

［4］郭文革．教育的"技术"发展史［J］．北京大学教育评论，2011（3）．

［5］胡畔，王冬青，许骏，等．数字教材的形态特征与功能模型［J］．现代远程教育研究，2004．

［6］杨宗凯，杨浩，吴砥．论信息技术与当代教育的深度融合［J］．教育研究，2014（3）：88－95．

［7］杨宗凯．解读教育信息化十年发展规划——兼论信息化与教育变革［J］．中国教育信息化，2014（11）：3－9．

［8］杨宗凯．学习空间支持下的优质教育资源共享［J］．世界教育信息，2015（15）：64－65．

［9］何克抗．关于发展中国特色教育技术理论的深层思考（上）［J］．电化教育研究，2010（5）：39－54．

［10］郑艳群，陈文慧．HSK名词图片表达方法研究［J］．世界汉语教学，2006（4）：107－115．

［11］李芒．e Learning到底是什么［J］．电化教育研究，2008（11）．

［12］郑艳群．对外汉语计算机辅助教学的实践研究［M］．北京：商务印书馆，2006．

［13］张和生．对外汉语教师素质与培训研究的回顾与展望［J］．北京师范大学学报（社会科学版），2006（3）．

[14] 陈向明. 实践性知识——教师专业发展的知识基础 [J]. 北京大学教育评论, 2003 (1).

[15] 焦建利, 汪晓东, 秦丹. 技术支持的教师专业发展：中国文献综述 [J]. 远程教育杂志, 2009 (1).

[16] 王柏晓静, 俞士汶, 朱学峰. 自然语言处理中的技术评测及关于英语专业考试的思考 [J]. 外语电化教学, 2010 (1).

[17] 王冬青, 李玉顺, 王桂玲, 等. LAGrid：远程学习评价网格——基于网格计算环境的 CAA 系统 [J]. 中国电化教育, 2005 (12).

[18] 熊玉珍. 基于测评的汉语个性化学习环境的构建 [J]. 电化教育研究, 2012 (3).

[19] 熊玉珍, 温柔. 新一代信息技术支撑世界汉字教学的发展趋势 [J]. 开放教育研究, 2013 (1).

[20] 尹韵公. 新媒体蓝皮书：中国新媒体发展报告 No. 3 [M]. 北京：社会科学文献出版社, 2012.

[21] 杨现民, 余胜泉, 王志军. 学习元与学习对象的多维比较研究——学习资源聚合模型发展新趋势 [J]. 开放教育研究, 2010 (6)：25 – 32.

[22] 林民, 宋柔. 一种笔段网格汉字字形描述方法 [J]. 计算机研究与发展, 2010 (2).

[23] 李艳燕, 马韶茜, 黄荣怀. 学习分析技术：服务学习过程设计和优化 [J]. 开放教育研究, 2012 (10).

[24] 李玉顺, 武林, 顾忆岚. 基于学习对象的教学资源设计及流程初探 [J]. 中国电化教育, 2012 (1)：78 – 85.

[25] 胡晓勇, 祝智庭. 学习对象理念的发展历程 [J]. 电化教育研究, 2002 (9)：14 – 15.

[26] 毕海滨, 王安林. 数字教材的特征分析及其功能设计 [J]. 科技出版, 2012 (7)：13 – 14.

[27] 陈桄, 龚朝花, 黄荣怀. 电子教材：概念、功能与关键技术问题 [J]. 开放教育研究, 2012 (2)：28 – 32.

[28] 高晓晶, 肖丽. 文本在多媒体教材中呈现规律的探讨 [J]. 信息技术教育, 2007 (2)：62 – 63.

[29] 周琼. 多媒体电子课本实现学习开放化 [J]. 开放教育研究, 1998 (5)：34 – 36.

[30] 熊玉珍，张文雯. 数字出版中的汉语学习资源构建研究［J］. 中国远程教育，2013（7）：83－87.

［31］吴兰岸，刘延申，刘怡. 新兴技术预测特征的分析与启示——以《地平线报告（高等教育版）》为例［J］. 现代教育技术，2016（6）：20－26.

［32］尚俊杰，萧显胜. 游戏化学习的现在和将来——从 GCCCE 2009 看游戏化学习的发展趋势［J］. 远程教育杂志，2009（5）：69－73.

［33］尚俊杰. 游戏的力量［M］. 北京：北京大学出版社，2012.

［34］庄绍勇，蒋宇，董安美. 游戏化学习［M］. 北京：北京师范大学出版社，2015.

［35］卡普. 游戏，让学习成瘾［M］. 北京：机械工业出版社，2015.

［36］ERNEST ADAMS，JORIS DORMANS. 游戏机制——高级游戏设计技术［M］. 北京：人民邮电出版社，2014.